国家出版基金项目
NATIONAL PUBLICATION FOUNDATION

G7C 高校主题出版
GAOXIAO ZHUTI CHUBAN

"一带一路"系列丛书

"一带一路"国别概览

白俄罗斯

李向阳　总主编

常艳　徐佩　编　　吴虹滨　审定

大连海事大学出版社

Ⓒ 常艳　徐佩　2018

图书在版编目(CIP)数据

白俄罗斯 / 常艳,徐佩编. — 大连 : 大连海事大
学出版社,2018.9
　　("一带一路"国别概览 / 李向阳总主编)
　　国家出版基金项目
　　ISBN 978-7-5632-3717-3

　　Ⅰ.①白… Ⅱ.①常… ②徐… Ⅲ.①白俄罗斯–概
况 Ⅳ.①K951.14

中国版本图书馆CIP数据核字(2018)第232847号

大连海事大学出版社出版

地址:大连市凌海路1号　邮编:116026　电话:0411-84728394　传真:0411-84727996
http://www.dmupress.com　E-mail:cbs@dmupress.com

大连海大印刷有限公司印装　　　　　　　　　　　　大连海事大学出版社发行

2018年9月第1版　　　　　　　　　　　　　　　2018年9月第1次印刷
幅面尺寸:155 mm×235 mm　　　　　　　　　　　印数:1～3000册
印张:7.25　　　　　　　　　　　　　　　　　　　字数:108千

出　版　人:徐华东　　　　　　　　　　　　　　　项目策划:徐华东
责任编辑:席香吉　　　　　　　　　　　　　　　　责任校对:张　慧
　　　　　　　　　装帧设计:孟　冀　解瑶瑶　张爱妮

ISBN 978-7-5632-3717-3　　　　　　　　　　　　　定价:36.00元

"一带一路"国别概览

丛书编委会

▶ **主　任**　李向阳

▶ **副主任**　徐华东　李绍先　郑清典　李英健

▶ **委　员**　李珍刚　姜振军　张淑兰
　　　　　　尚宇红　黄民兴　唐志超
　　　　　　滕成达　林晓阳　杨　淼

总序

　　2013年秋，国家主席习近平在哈萨克斯坦和印度尼西亚出访期间，先后提出共建"丝绸之路经济带"和"21世纪海上丝绸之路"的倡议，倡导共商、共建、共享理念，得到国际社会广泛关注和积极响应。"一带一路"倡议旨在积极发展与沿线国家的经济合作伙伴关系，共同打造政治互信、经济融合、文化包容的利益共同体、命运共同体和责任共同体。

　　"一带一路"倡议源自中国，更属于世界，它面向全球、陆海兼具、目的明确、路径清晰、参与方众、反响热烈。五年间，"一带一路"倡议从理念转化为行动，从愿景转变为现实，在顶层设计、政策沟通、设施联通、贸易畅通、资金融通、民心相通等方面都取得了显著的成果，为实现世界共同发展繁荣注入推动力量、增添不竭动力。目前，我国已与100多个国家和国际组织签署了共建"一带一路"合作文件。共建"一带一路"倡议及其核心理念被纳入联合国、二十国集团、亚太经合组织、上合组织等重要国际组织成果文件。

　　"一带一路"沿线国家地理地貌、风俗人情、经济发展、投资环境各不相同，极有必要对其进行系统的介绍和分析。此外，目前针对"一带一路"沿线国家的研究仍不够深入，缺少系统、整体的研究资料。大连海事大学出版社组织策划的"'一带一路'国别概览"丛书（首批65卷）适逢"一带一路"倡议提出五年后下一个阶段深入推进的需要之时，也填补了国内系统地介绍"一带一路"沿线国家国情的学术专著的空白，获得了国家出版基金项目资助，并入选教育部全国高校出版社主题出版选题。

　　"'一带一路'国别概览"丛书（首批65卷）联合中国社会科学院、北京大学、山东大学、宁夏大学、广西民族大学、上海对外经贸大学、黑龙江大学等多家高校及研究机构编写，并组织驻"一带一路"沿线65个国家的前大使对相关书稿进行审定。本套丛书不仅涵盖了各国地理、简史、政治、军事、文化、社会、外交、经济等方面的内容，突出了各国与丝绸之路或海上丝绸之路的历史渊源，力争为读者提供全景式的国情介绍，还从"一带一路"政策出发，引用实际案例详细阐述了中国与各国贸易情况及各国的投资环境，旨在为"一带一路"的推进提供强大的智力支持，加快科技成果转化，促进合作人才培养，帮助我国"走出去"的企业有效地防控风险，从而全方位地助推"一带一路"建设。

"'一带一路'国别概览"丛书（首批65卷）的顺利出版得益于大连海事大学出版社的精心策划和组织，也凝聚着百余位相关领域专家学者的心血，在此深表感谢。

国家主席习近平曾深情地说："'一带一路'建设承载着我们对美好生活的向往，将把每个国家、每个百姓的梦想凝结为共同愿望，让理想变为现实，让人民幸福安康。"我们也希望本套丛书可以为"一带一路"建设架起一座沟通的桥梁，推动"一带一路"倡议在沿线国家向更深远和平稳的方向发展。

"'一带一路'国别概览"丛书编委会

2018年6月

前言

2013年9月,习近平主席出访哈萨克斯坦,在纳扎尔巴耶夫大学提出共同建设"丝绸之路经济带";同年10月,习近平主席在印度尼西亚提出共同建设"21世纪海上丝绸之路"。2015年4月,中华人民共和国国家发展和改革委员会、中华人民共和国外交部和中华人民共和国商务部联合发布了《推动共建"丝绸之路经济带"和"21世纪海上丝绸之路"的愿景与行动》,这宣告"一带一路"建设进入全面推进阶段。为了向读者介绍"一带一路"沿线国家,帮助中国人民与白俄罗斯人民增进相互了解,编者开始着手编写《"一带一路"国别概览》系列丛书的《白俄罗斯》,旨在向读者全面展现白俄罗斯的国家概况。

白俄罗斯是内陆国家,国土面积为20.76万平方千米,水资源十分丰富,被誉为"蓝眼睛之国"。它地处欧洲中心,是连接欧亚大陆的交通枢纽。

白俄罗斯是中国重要的经济合作伙伴之一,双方经济互补性强,合作潜力大。作为最早回应中国"一带一路"倡议的国家之一,白俄罗斯与中国的经贸合作发展迅速,合作水平不断提高。中白工业园是目前两国合作规模最大的项目,是推进"丝绸之路经济带"建设的标志性工程,为中白经济、科技合作提供了创新合作模式。自1992年中白建交以来,两国关系稳定发展。2013年中白宣布建立全面合作伙伴关系。目前中白合作越来越密切,两国从经贸、教育、科技、农业、工业等领域大力挖掘合作潜力,从而实现互补发展,推动经济和人文教育等多个领域的紧密合作。

本书从地理、历史、政治、军事、文化、社会、外交和经济等方面系统地介绍了独立后的白俄罗斯,全面地呈现了白俄罗斯的风貌,这将为读者认识白俄罗斯提供十分有益的帮助。

本书由教育部人文社会科学重点研究基地黑龙江大学俄罗斯语言文学与文化研究中心研究员姜振军组织编写,为教育部人文社会科学重点研究基地重大项目"'一带一路'框架下中俄合作机制、模式与路径研究"(项目编号:17JJDGJW004)的阶段性成果,同时被纳入教育部人文社会科学重点研究基地黑龙江大学俄罗斯语言文学与文化研究中心"俄罗斯百年文库"丛书。

本书由常艳和徐佩编写。其中常艳编写了第二章、第三章、第五章、第六章,以及第八章的大部分;徐佩编写了第一章、第四章、第七章,以及第八章"中白经济合作"部分。由于编者能力有限,书中存在问题在所难免,恳请广大读者批评指正。

编 者
2018年9月

目　录

第一章　地理 ……………………………………………………… 1
　　第一节　地理位置 ………………………………………… 1
　　第二节　气候 ……………………………………………… 1
　　第三节　地形与地质结构 ………………………………… 3
　　第四节　水文 ……………………………………………… 3
　　第五节　自然资源 ………………………………………… 6
　　第六节　行政区划 ………………………………………… 10
第二章　简史 ……………………………………………………… 19
　　第一节　古代史 …………………………………………… 19
　　第二节　独立前的历史沿革 ……………………………… 22
　　第三节　独立后的历史沿革 ……………………………… 25
第三章　政治 ……………………………………………………… 28
　　第一节　国家标志 ………………………………………… 28
　　第二节　宪法 ……………………………………………… 30
　　第三节　政党 ……………………………………………… 31
　　第四节　议会 ……………………………………………… 33
　　第五节　政府 ……………………………………………… 34
　　第六节　司法机关 ………………………………………… 35
第四章　军事 ……………………………………………………… 36
　　第一节　概况 ……………………………………………… 36
　　第二节　军队力量构成 …………………………………… 37
　　第三节　兵役制度 ………………………………………… 39
　　第四节　军事政策 ………………………………………… 40
　　第五节　军事合作 ………………………………………… 41
第五章　文化 ……………………………………………………… 44
　　第一节　语言文字 ………………………………………… 44
　　第二节　文学 ……………………………………………… 47

第三节　艺术 ·· 50

第六章　社会 ·· 55

第一节　人口与民族 ······························· 55

第二节　宗教 ······································ 56

第三节　风俗 ······································ 57

第四节　教育 ······································ 61

第五节　科技 ······································ 65

第六节　卫生和体育 ······························· 66

第七章　外交 ·· 68

第一节　对外政策 ································· 68

第二节　同俄罗斯的关系 ··························· 72

第三节　同独联体的关系 ··························· 73

第四节　同欧洲的关系 ····························· 74

第五节　同亚洲和非洲的关系 ······················· 75

第六节　同美国的关系 ····························· 76

第七节　同中国的关系 ····························· 77

第八章　经济 ·· 84

第一节　概况 ······································ 84

第二节　农业 ······································ 86

第三节　工业 ······································ 88

第四节　旅游业 ···································· 89

第五节　交通运输业 ······························· 91

第六节　对外贸易 ································· 92

第七节　中白经济合作 ····························· 94

参考文献 ·· 102

第一章　地理

第一节　地理位置

　　白俄罗斯共和国地处北纬51°16′~56°10′的温带，最北端位于北纬56°10′的维尔涅德温斯基区，最南端位于北纬51°16′的博拉金斯基区。白俄罗斯共和国的地理中心位于明斯克州普霍维奇斯基区安东诺沃村附近。

　　白俄罗斯是欧洲的地理中心，是连接独联体国家与西欧国家最短的交通通道。白俄罗斯位于东欧平原西部，东邻俄罗斯，北、西北与拉脱维亚和立陶宛交界，西邻波兰，南接乌克兰，边境线长2 969千米。白俄罗斯的国土东西长650千米，南北宽560千米，国土面积为20.76万平方千米，国土面积位列欧洲第十三位。

第二节　气候

　　白俄罗斯气候属于东欧平原所具有的从海洋气候过渡到大陆气候的温带过渡性气候。白俄罗斯气候特点是由下列因素构成的：位于温带区；以平原为主的地形；接近大西洋。

　　白俄罗斯气候的基本特征是气候温和，温差小，降雨充足，天气不稳定。

　　夏季白俄罗斯境内的太阳辐射强度基本一致，冬季南方地区明显受太阳辐射多。太阳辐射的强度从北往南逐步增加。地处温带的白俄罗斯受大西洋气流影响，夏季多阴天、多雨，冬季降雪。由于缺乏高山阻隔，白俄罗斯直接受到来自东部的大陆气团的影响，通常会带来冬季和夏季干燥天气。北极气团周期性降临白俄罗斯，导致气温骤降，而夏天则受热空气的影响。大气环流的经常变换使白俄罗斯的春秋两季天气不稳。

白俄罗斯的年平均温度自东北向西南逐步从5.5℃增加到7.5℃。1月份是最冷的月份，平均气温向西南向东北从零下3.4℃下降至零下7.2℃。

大西洋气流在很大程度上让西南地区变得温暖。冬季气温经常降到零下20℃至零下30℃，有记录的最低温度达到零下36℃至零下42℃。

夏季温度取决于太阳辐射，因此在最热的7月，温度自北向南逐步升高。北部地区平均温度为零上17℃，南部地区平均温度为零上19℃。绝对最高温度为35℃~38℃。

受潮湿的大西洋气流影响，白俄罗斯全年湿度较高。秋、冬季全国的相对湿度超过80%，春、夏由于高温湿度降为50%~60%，个别日期为30%。高湿度导致经常起雾。雾经常出现在高地的闭合盆地。70%的雾天出现在10月至次年3月。高湿度也让白俄罗斯经常出现多云天气。

白俄罗斯属于降水带，降水量自西北向东南逐步减少。降水量取决于地貌，中部的高地地区降水量为650~700毫米；降水量最大的地区是诺夫哥罗德高地，年均降水量为750毫米；北部和南部低地地区的降水量降为550~600毫米；降水在4—9月，降水最多的月份是7月，最少的是1—3月。高地年均降水的时长是180—190天，低地则为150—160天。降水最频繁的是秋、冬季（11月—次年1月）。夏季降雨频率较低，但强度大，而且时常伴有雷雨和冰雹。冬季降雪较多并形成积雪覆盖层，冬季末积雪覆盖层最厚，厚度自西南向东北从15厘米到35厘米不等。

第三节　地形与地质结构

　　白俄罗斯地势以平原为主，平均海拔为159米。在中部地区有不超过其国土面积20%的高地。境内最高峰为捷尔任斯克山（345米）。白俄罗斯30%的国土属于低地地貌，海拔高度在80~150米之间，海拔最低的地带位于白俄罗斯和立陶宛边境的涅马诺姆交界点。低地地区的河谷宽阔而平整，且多为沼泽区。

　　北部是全国地势最高的地区，主要以丘陵和山脉为主，其间也交错分布着平坦的低地和阶梯形的谷地。西北部的地形相对复杂一些，这里有冰河末期的遗迹，冰碛丘陵、冰河堆石所形成的盆地以及冰碛平原散布其间。中北部横亘着东北—西南走向的白俄罗斯山脉，它从西部边境的格罗德诺一直延伸到东部的奥尔沙，在第聂伯河东岸与斯摩棱斯克丘陵连为一体。明斯克丘陵向西南部的延伸部分是斯塔尔布索夫斯基平原，西部则是具有山地地形特点的奥什米亚内高地。白俄罗斯东北及北部地区的地形也以丘陵为主，但地势普遍较低。北部地区的低地主要呈波状地形，但个别地区也出现时断时续的冰碛山脉。波洛茨克低地占据了白俄罗斯湖区的大部分，它连接着德维和季斯纳谷地，向西北方倾斜。此外，面积较大的低地还有苏拉日低地和维利亚河上游地区的那洛恰那-维列伊卡低地。

　　东南和南部地区的地势低洼平坦，以平原和沼泽为主。整个平原从北向南逐渐倾斜，海拔最高的是奥尔沙-莫吉廖夫平原，其次是切切尔斯克和中央别列津平原。在广阔的平原上也零星分布着一些低矮的丘陵和冰碛山脉，但地势都比较平坦。南部地区有著名的皮列西耶沼泽地。

第四节　水文

　　白俄罗斯的地形形成了密度较大的水系，这些天然水系包括河流、小溪、湖泊和沼泽。运河、水库和池塘的修建也增加了白俄罗斯的河网密度。

一、河流

白俄罗斯境内有20 800条河，总长90 600千米。较大的河流有：第聂伯河及其分支别列津纳河、普里皮亚季河、索日河、西德维纳河、涅曼河、布格河、格勒尼河与罗万齐河，这些河组成了白俄罗斯最主要的河流水系。还有41条河属于中等河流。小河和小溪数量较多，小河数量多是由于黑海和波罗的海的分水岭穿过白俄罗斯造成的。58%左右的国土面积属于黑海水域，42%属于波罗的海水域。

白俄罗斯河流的水源补给主要是融雪、雨水和地下水。河水年均流量为36.4立方千米，再加上从邻国流入白俄罗斯境内的河流，则年均流量可达57.1立方千米。全国河流中，第聂伯河及其分支别列津纳河、索日河的年均流量最大，为19.3立方千米；西德维纳河次之，年均流量为14.3立方千米；普里皮亚季河年均流量12.7立方千米，位居第三。

二、湖泊

白俄罗斯湖泊数量众多，因此白俄罗斯被称为"蓝眼睛"。白俄罗斯境内有1万多个湖泊，享有"万湖之国"的美誉。

在所有湖泊中以面积不超过0.25平方千米的小面积湖居多，占湖泊数量的90%。470个湖泊的面积超过0.5平方千米，其中只有20个湖面积超过20平方千米。最大的湖是纳拉奇湖，面积为79.6平方千米，其次是奥斯韦亚湖、切尔翁诺耶湖、卢克姆利湖、德里维亚特湖。数量居多的小型湖泊深度不超过10米，约有200个湖深度超过10米。最深的湖是托尔克耶湖，深度为53.7米，位于格鲁鲍克斯克区。还有三个湖的深度超过了40米。

众多的湖泊在白俄罗斯全国各地组成了大小不等的湖区，其中最著名的是布拉斯拉夫斯卡娅湖区，包括30个湖，总面积113平方千米。

白俄罗斯约有1 900个冰川湖，主要分布在西德维纳河和涅曼河流域。数量众多的小型湖泊多集中在普里皮亚季河河谷及其下游地区，主要是由于河床扩展、河水淹没四周土地而形成的。白俄罗斯中部地区湖泊数量较少。

❀ 三、沼泽

在白俄罗斯，沼泽的出现是由于湖泊的变迁和上涨造成的。根据湿度不同，沼泽分为露天类（无森林植物）或森林类（长有木本植物）。沼泽主要分布在白俄罗斯南部地区，以低地沼泽为主。北部地区由于地貌形成较晚，沼泽较少，多为高地沼泽。中部地区常见过渡性沼泽，其同时具有低地和高地沼泽的特点。

❀ 四、运河和水库

在古代的时候人们就开始沿着分水岭兴建行船运河，白俄罗斯最大的运河修建于18—19世纪，包括第聂伯–布格运河、奥金斯基运河、奥古斯丁运河、别列津纳水系。第聂伯–布格运河长196千米，具有重要的经济意义，用来行船和接收土壤改良体系里的水。奥金斯基运河长54千米，曾作为运输木材和粮食的水路。奥古斯丁运河连接涅曼河和维斯拉河，建于19世纪初，主要用于运送货物，现今主要服务于旅游业。除了运河，白俄罗斯还修建了人工水库和池塘，用于工业用水、养鱼业、灌溉、生产电能。现今白俄罗斯有约160座水库，每个水库蓄水量超过100万立方米。最大的水库是维列伊卡水库，蓄水量为2.6亿立方米，占地面积略小于纳拉奇湖。多数水库位于湖泊较少的中部地区。白俄罗斯共有约1 500个池塘，主要用于农村生活用水、调节土壤改良体系水系和渔业。

❀ 五、水资源

白俄罗斯水资源丰富，每个居民的年均用水量为3 600立方米，明显高于欧洲许多国家。西北地区水资源尤其丰富，分水岭高地和东南地区水资源较少。取水总量的一半用于日常生活。以前多用地上水，现在则多用地下水。明斯克用水量最大，占到20%。地下水多为高质量的饮用水。此外矿泉水储量也十分丰富。

第五节　自然资源

一、土地

（一）土壤

不同的土壤形成过程导致了白俄罗斯土壤的多样化，白俄罗斯有13个土壤类型和400多个土壤种类。根据土壤湿度可分为三类：正常湿润土壤、暂时过度湿润土壤和长期过度湿润土壤。白俄罗斯的自然条件决定其暂时过度湿润土壤较多，占农业用地的一半。正常湿润土壤占35%的土地。长期过度湿润土壤分布于地势低的地区。

正常湿润土壤包括生草灰化土、生草碳酸盐土、褐色森林土。生草灰化土遍布白俄罗斯全境，占35%的农业用地。生草碳酸盐土是最丰饶的土壤，白俄罗斯所有地区都可见到，但只占耕地面积的0.1%。褐色森林土和生草灰化土数量较少。

暂时过度湿润土壤包括生草灰化沼泽土、生草沼泽土、河滩生草沼泽土。生草灰化沼泽土占农业用地的37%，广泛分布于白俄罗斯北部地区。生草沼泽土占农业用地的11%，主要分布在波列斯耶地区。河滩生草沼泽土分布于普里皮亚季河和第聂伯河的河滩地区。

长期过度湿润土壤由泥炭沼泽土和冲积沼泽土构成。泥炭沼泽土分布面积广，占13%的农业用地。冲积沼泽土基本位于河滩低地，相比泥炭沼泽土富含更多矿物质。

（二）土地资源

根据使用情况，白俄罗斯土地资源分为森林土地和灌木林、农业用地、露天沼泽等。农业用地占土地资源的43%，高于世界平均指标。其中2/3为耕地，1/3为草场和牧场。居民人均耕地面积为0.92公顷，人均牧场面积为0.61公顷，高于世界平均指标。44%的土地为森林和灌木林，同样高于世界平均指标。森林覆盖土地近年来得以增加。7%的土地面积为露天沼泽和水源。

（三）矿产

白俄罗斯拥有30种矿产，1万多处矿体。现今部分矿产正被开采，部分已探测，未来还会继续探测。根据成层条件白俄罗斯矿产分为两类：晶体和平台地幔。岩浆岩属于第一类，包括建筑石材、铁矿、彩金矿。白俄罗斯大部分矿产属于平台地幔类，包括石油、泥炭、岩盐和钾盐、石灰石等。

白俄罗斯已发现石油、褐煤、可燃油页岩和泥炭，但储量不大。白俄罗斯1965年开始开采石油，至今已开采油田50个，年采油量为175万吨。

可燃油页岩已探明两处，储量丰富，但埋藏较深。

泥炭在白俄罗斯分布最广，年产200万~300万吨。

金属矿以铁矿为主，1960年发现两处，但尚未被开采。有色金属和稀有金属数量少，不具备工业意义。

钾盐对白俄罗斯具有重大的意义，其储备量和开采量位居世界前三位，主要分布在南部的白俄罗斯低地。现已发现3个钾盐矿，其生产的钾肥销往世界多个国家。岩盐储量220亿吨，已探明3个岩盐矿。此外，磷钙石、白云石、玻璃砂、泥灰岩、石膏、琥珀等都在白俄罗斯有所发现。

❊ 二、植物资源

白俄罗斯现有1.2万种以上的植物、原生生物和菌类，其中7 000多种菌类、1 680多种导管植物、超过2 200种藻类和900多种地衣与苔藓。其中导管植物以草本植物为主，占总量的94%。

如果与其他温带地区相比，白俄罗斯植物更多样化，这是由于白俄罗斯位于两个地理植物区：欧亚泰加林区和欧洲阔叶林区。因此植物群中可见到冻土植物、草原植物和半沙漠植物。

除本地植物外，外来植物也达到6 500种，包括田野农业植物、药用植物和装饰植物，如栗子树、玫瑰、郁金香等。

天然植物覆盖面积占到白俄罗斯国土面积的2/3，包括4个类型：森林植被、草场植被、沼泽植被和水生植被。森林植被属地方植被，分布最广；草场植被约占国土面积的16%；沼泽植被占国土面积的

12%；水生植被较少。

（一）森林植被

白俄罗斯拥有森林800万公顷，平均森林覆盖率39%。森林覆盖率超过50%的地区包括波列斯耶、伯罗茨卡亚低地、中部白桦树平原。明斯克高地、科别里斯卡娅山脊森林覆盖率降到20%。根据行政区划分的话，各行政区的森林覆盖率可在11%~70%之间。

白俄罗斯森林植被具有多样性的特点，包括约100种类型和3个植物群：针叶林、阔叶林和窄叶林。位于北部的松树和云杉属于针叶林植物群，其中松树是最常见的树种，占针叶林面积的44%，云杉占11%。阔叶林数量较少，以橡树居多。此外还有椴树、枫树、水曲柳。窄叶林生长在针叶林和阔叶林被砍伐后重新长出森林的地区，主要树种为白桦树、赤杨和白杨。白桦树在白俄罗斯境内分布较广，仅次于松树，占到针叶林面积的19%。赤杨占针叶林面积的10%。白杨数量不多，构不成大型群落，主要分布在国家东北部。

（二）草场植被、沼泽植被和水生植被

在白俄罗斯除森林外，草场分布最广，占国土面积的16%，有330万公顷。草场植被基本为草本植物，涵盖1 500个品种。草场分为河滩草场和非河滩草场。河滩草场在白俄罗斯占到草场总面积的5%，中心区为牧草和杂草。河滩下游植物为沼泽类，以苔藓和沼泽杂草居多。非河滩草场占草场总面积的95%，分为干谷地草场和低地草场，干谷地草场多用作牧场。

沼泽的面积有240万公顷，占国土面积的12%，其中4.3%为露天沼泽。沼泽分为低地沼泽、高地沼泽和过渡沼泽。低地沼泽占沼泽总面积的60%，低地沼泽植物包括苔藓、芦苇、菖蒲、木贼、香蒲等。高地沼泽占沼泽总面积的20%，其植物多为地衣和水藓。过渡沼泽也占沼泽总面积的20%，植物多样，包括森林植物、灌木植物、草本植物和苔藓。

白俄罗斯有2 200多种水系植物。河岸附近生长着苔草、菖蒲、芦苇；随着水深，水中生长着白睡莲和黄睡莲、蓼、鸭子草；水最深的地方会长有水草。

白俄罗斯有500多种植物用于经济目的，植物原料年储备量

为 1 万吨。

❀ 三、动物资源

当代白俄罗斯动物体系的形成经过了漫长而复杂的历程，在冰川湖泊退去后才完成。白俄罗斯共有 470 多种脊椎动物和 30 000 多种无脊椎动物。哺乳动物 70 多种，以啮齿动物和捕食动物为主。鸟类种类最多，达到 310 种左右。两栖动物和爬行动物大约 20 种，鱼类有 60 种左右。白俄罗斯动物中最多的是哺乳动物和森林鸟类。位于白俄罗斯北部的泰加林中的动物有：驯鹿、棕熊、猞猁、黑雪貂、松鹤、松鸡等。阔叶林区的动物更为多样，欧洲野牛、狍、野猪、貂鼠、啄木鸟和夜莺等在此栖息。冻土带和草原区较少动物群活动，只有松鸡、仓鼠、云雀等。

根据动物群的栖息地可分为森林动物、田野和草场动物、沼泽动物、和淡水动物。

（一）森林动物

森林动物种类多样，物种丰富。驼鹿、兔子、野猪、松鼠、狐狸、狼、松鹤、鼬鼠、狍栖居于此。针叶林动物种类较为单一，云杉林和混合林动物更为多样。北方沼泽森林区可以见到棕熊，云杉落叶林可以见到浣熊。西南沼泽区可见到黑鹳。在别洛韦日/比亚沃韦扎森林公园生活着白俄罗斯最大的森林哺乳动物——欧洲野牛。

（二）田野和草场动物

最常见的田野动物是啮齿动物：田鼠、仓鼠、黄鼠。此外，兔子、刺猬、狐狸、鼬鼠、雪貂也在此活动。鸟类多样，有云雀、白鹳、鹌鹑、鹧鸪等。爬行类动物有穿山甲和蛇。

（三）沼泽动物

由于自然条件不利于哺乳动物生存，沼泽动物物种较少，以两栖动物和爬行动物居多，如青蛙、游蛇和蝰蛇。鸟类主要有鹭、鹬、鹤、野鸭、猫头鹰等。灌木林生活着少量哺乳动物，如水貂、鼬鼠。

（四）淡水动物

河岸、湖泊是鱼类、两栖动物、鸟类和哺乳动物生活的环境。白俄罗斯淡水里生活着狗鱼、鲈鱼、拟鲤、欧鳊、圆腹鲦、鲫鱼和冬穴鱼。此外还有些珍稀鱼类，如鲈鱼、江鳕和鳗鲡。白俄罗斯最大型的鱼是鲇鱼，偶尔能见到被列入"世界濒危动物红皮书"[1]的鲑鱼和茴鱼。水里还生活着两栖动物，如蟾蜍和蝾螈。河岸可以见到海狸和海獭。

由于人的经济活动，如砍伐、种植等，一些动物失去了原有居住地，白俄罗斯有189种动物被列入"世界濒危动物红皮书"。现有75种鸟类和10种鱼类受到国家保护。

第六节　行政区划

白俄罗斯有1个具有独立行政区地位的州级城市明斯克市和6个州。全国共设有108个区。

❖ 一、明斯克市

明斯克市是白俄罗斯的首都，是政治、行政、经济、科学和文化教育中心。明斯克位于斯维洛齐河畔，生活着不同民族和信仰的居民，其人口180万，占全国的人口1/5。

1067年，作为塞古城的明斯克被记录在史书，当时城市名为明涅斯克。12世纪明斯克成为明斯克公国中心，14世纪被立陶宛大公国兼并，后归波兰。1793年归属俄国，1796年成为明斯克省首府。19世纪由于铁路建设完成，经济逐渐发展起来，1919年1月1日，明斯克成为白俄罗斯苏维埃社会主义共和国首都，1991年8月23日成为独立的白俄罗斯共和国首都。

明斯克处于基本交通路线的连接处。汽车公路将明斯克和白俄罗斯的大型城市——奥尔沙、维捷布斯克、莫洛杰奇诺、布列斯特、斯卢茨克、莫吉廖夫、戈梅利等连接起来。明斯克既是白俄罗斯的重要交通枢纽，也是独联体东西和南北运输干线的交汇点，以及莫斯科至华沙铁路干线的枢纽，同时又是重要的航空港，国家机场即坐落于

---

① "世界濒危动物红皮书"是国际自然及自然资源保护联盟根据物种受威胁程度和估计灭绝风险将物种列为不同的濒危等级的研究报告。

此。明斯克市自古以来都是连接周边地区的贸易中心，素称"贸易之城"。

明斯克市是白俄罗斯最大的工业中心，全国20%的工业产品出自明斯克市。明斯克市的工业领域涉及机械和设备生产，食物、饮料和烟草制品，电子设备，计算机仪器，电子和光学仪器，交通工具，建筑材料，制药产品与药学制剂。

明斯克市的对外贸易额占全国贸易额的37.2%。60多个国家在这里进行外资与合资生产。"明斯克自由经济区"坐落于此。

明斯克市建有大型的科学和教学中心。白俄罗斯国家图书馆、高科技园都汇聚于此。明斯克市有22座国家高等教学机构，包括12所大学、5个科学院、4个高等专业学校、8所私立学校。明斯克市共有17座博物馆和10座剧院。

白俄罗斯总统府位于明斯克市，国家议会和部长会议、国家银行都在此办公。

明斯克市是欧洲最古老的城市之一。卫国战争时期明斯克市几乎完全被毁，因此明斯克市没有保存下古老的建筑。现代明斯克市以宽敞的街道、大型广场、多样的建筑群、大面积的绿化为傲。

明斯克市著名景点有：白俄罗斯国立大学、胜利广场、泪岛、伟大卫国战争历史国家博物馆、圣灵主教大教堂、别洛韦日国家森林公园。

❀ 二、布列斯特州

布列斯特州是白俄罗斯的西大门，南部与乌克兰接壤，西部近邻波兰。该州分为16个区，面积3.28万平方千米。布列斯特州人口146.29万人（2004年），排在明斯克州和戈梅利州之后，位于第三位。

布列斯特州首府是布列斯特市。州内主要城市为巴拉诺维奇、德罗吉钦、伊万诺沃、科布林、平斯克等。

州内有240多个大型和重型工业企业。主要工业产品是食品与饮料、纺织品、机械和家具。布列斯特州有全国最大的电炉、煤气炉、白炽灯、弧光灯生产企业。州农业分为畜牧业、甜菜生产、亚麻纤维生产、土豆和蔬菜种植。产品既可以满足州内居民所需，也可出口。

布列斯特州所处的地理位置适合开展国际贸易。柏林—华沙—布列斯特—明斯克—莫斯科交通走廊穿过布列斯特州，直通维尔纽斯市和基辅市。独联体国家向西欧出口的80%的陆地线路通过该州。

2015年布列斯特生产的商品销往世界82个国家，包括俄罗斯、哈萨克斯坦、波兰、德国、乌克兰和立陶宛等。1996年成立了"布列斯特"自由经济区。

"友谊"石油管道与托尔诺克—明斯克—伊凡采维奇和科布林—华沙天然气管道通过该州境内。

布列斯特州注重保护建筑古迹。"英雄布列斯特要塞"纪念碑被认为是城市的名片。布列斯特市的布拉特教堂、西苗诺夫教堂，巴拉诺维奇市的圣母教堂、天主教堂、平斯克市的天主教堂和天主教耶稣会，卡梅采城著名的卡梅采塔等都受到国家保护。

布列斯特有三个剧院：布列斯特戏剧音乐剧院、木偶剧院、"想象"舞剧院，还有布列斯特州音乐厅。州内城市举办过许多国际和国内艺术节和运动会，如"白帐幕"国际戏剧节、"一月音乐之夜"国际古典音乐艺术节。

州内的布列斯特保护区是白俄罗斯波列斯耶区的中心。这里有独一无二的自然环境，连接着森林与沼泽地貌。州的西北部有着欧洲最古老的自然保护区——别洛韦日/比亚沃韦扎森林公园。1992年，联合国教科文组织将别洛韦日/比亚沃韦扎森林国家公园列入世界遗产名录。此外，州内还有45个禁猎区和82个自然保护区。

州首府布列斯特市是白俄罗斯与波兰边境线附近的边境城市。建立于1019年的布列斯特市是白俄罗斯最古老的城市之一，卫国战争时期因英雄的布列斯特要塞保卫战为世人所知，这场战役成为苏联战士勇敢坚定的象征。布列斯特市居民人口31万人，人口总量位于白俄罗斯第六位。现代布列斯特市是交通枢纽，工业和文化中心。城市的主要重工业是机械制造，轻工业主要有地毯和长袜生产。

❖ 三、维捷布斯克州

维捷布斯克州位于白俄罗斯的最北端，西北与拉脱维亚接壤，西部与立陶宛交界，在北部和东部与俄罗斯相邻。州内设21个区。占地面积4.01万平方千米。人口120万人，为全国人口的13.4%，人口密度全国最低，平均每平方千米31人，农村人口占全国农村人口的13.7%

州内有 19 个城市、24 个镇、6 329 个村。州首府是维捷布斯克市，主要的城市有布拉斯拉夫、上德文斯克、戈卢博科耶、波洛茨克、新波洛茨克、奥尔沙等。

维捷布斯克州是工业高度发达的地区。主要工业领域有电能、石油加工和化学产品、食物与饮料生产、纺织品和制鞋业。

维捷布斯克州的农业以种植谷物和饲料作物为主，也种植亚麻、土豆和油菜。河网密度和湖泊总面积居全国第一，因此淡水渔业发达。

维捷布斯克州与世界 110 个国家建立对外贸易联系。合作伙伴有俄罗斯、荷兰、乌克兰、中国、波兰、德国、拉脱维亚、立陶宛和美国等。1999 年 8 月建立了"维捷布斯克自由经济区"。

国内几条交通走廊穿过维捷布斯克州：柏林—华沙—奥尔沙—莫斯科汽车公路、赫尔辛基—维捷布斯克—基辅—普罗夫迪夫汽车公路。通往莫斯科、圣彼得堡、里加和维尔纽斯的汽车与铁路交通在州内穿过。

维捷布斯克州有 2 800 多个湖，500 多条河。森林占州面积的41%，其中 60% 是针叶林。州内有 1 个自然保护区，2 个国家公园，25 个国家禁猎区，60 个地方禁猎区，238 个天然景点。

全州有多处名胜古迹，如维捷布斯克市建于 12 世纪的圣报喜教堂、波洛茨克市建于 11—18 世纪的索菲亚教堂、奥尔沙市建于 17 世纪的升天修道院、格鲁伯克市建于 17—18 世纪的圣母教堂和三位一体天主教堂。州内还有 107 所度假和康复休养所。

每年维捷布斯克州内都会举办 50 多个国际、州、市和区艺术节，邀请国内外艺术家出席。"维捷布斯克的斯拉夫集市"国际艺术节成为城市的名片。市内有白俄罗斯最古老的戏剧院克拉斯国家模范戏剧院，4 所高等学校。

首府维捷布斯克市享有白俄罗斯"文化之都"的美誉，建于公元974 年，是白俄罗斯最古老的城市之一。坐落于西德维纳河岸，离首都 250 千米，人口 37.5 万人。

❀ 四、戈梅利州

戈梅利州是白俄罗斯最大的州，其东北部与俄罗斯交界，在南部与乌克兰接壤。州内下设 21 个区，占地面积 4.04 万平方千米。森林面积占州面积的40%。人口140万人，仅次于明斯克州，人口密度为每平方千米36人。

戈梅利州共有35个城市，州首府是戈梅利市，主要城市包括韦特卡、多布鲁什、卡林科维奇、日洛宾、莫济里、列奇察、罗加乔夫、斯韦特洛戈尔斯克等。

戈梅利州拥有巨大的经济潜力，是白俄罗斯最发达的工业区之一。这里汇集了全国21%的工业生产。

州内共有211个大、中型工业企业。主要工业领域有石油、冶金和金属成品、化学品、热能矿产、机械制造、建筑材料等。戈梅利机械公司、斯巴达克糖果巧克力工厂、戈梅利木材公司和戈梅利玻璃公司等都是著名的企业。

农业工业综合体包括畜牧业、蔬菜种植和土豆种植。东北地区出产亚麻。农业耕地面积130万公顷。戈梅利州不仅能满足居民食物的基本需求，还可以进行原材料加工。肉和肉类产品、奶制品和动物饲料是戈梅利州加工业产品的代表。

州内70%的工业产品用于出口。有99个对外贸易伙伴国，其中俄罗斯、德国、中国、乌克兰、波兰、立陶宛、意大利和土耳其是其主要贸易伙伴。1998年建立"戈梅利-拉顿"自由经济区。

戈梅利州交通发达。大型的国际汽车公路在此通过，将欧洲国家与俄罗斯和乌克兰连接起来。全国90%的货运客车和近一半的客运列车穿过戈梅利州。

戈梅利州十分注重保护建筑古迹，主要的名胜古迹有普里皮亚季森林公园、图洛市的城堡山、皇宫公园（建于18—19世纪）、戈梅利市的圣彼得和圣保尔教堂、莫济里市的建于18世纪的大天使长圣米哈伊尔天主教堂、列奇察市的建于19世纪的升天大教堂。

戈梅利州保留了许多古代文化和建筑遗迹。全州共有26座博物馆、4个剧院和2个艺术画廊。戈梅利州建有勃列斯国家放射生态学保护区，56个禁猎区和63个国家、地区的自然景点都位于此。

首府戈梅利市位于索日河河岸，有人口48.4万，是白俄罗斯城市人口数量第二大城市。戈梅利市是一座古老的城市，关于该城市的最早记载是1142年。现今市内有100多个工业企业，以机械制造和金属加工为主。戈梅利市有7所高等学校，拥有剧院、马戏团和音乐厅，可举办国际艺术节。戈梅利市的鲁米亚采夫皇宫及其公园是知名建筑。

五、格罗德诺州

格罗德诺州西部与波兰相邻，北部与立陶宛毗邻。州内共有17个区，占地面积2.51万平方千米，是白俄罗斯面积最小的州。州人口110万，是全国人口最少的州，其中农业人口占全国的13.6%，只多于莫吉廖夫州，但人口平均密度较高，为每平方千米43人。

州首府是格罗德诺市，主要城市有沃尔科维斯克、利达、新格鲁多克、斯洛尼姆、奥什米亚内等。

格罗德诺州工业发达。大型企业位于利达市、斯洛尼姆市、沃尔科维斯克市、新格鲁多克市。主要工业包括食品、烟草和化学工业。主要的工业企业位于格罗德诺市和利达市。纺织、建筑材料生产、木材加工和木产品制造、机械制造也属其工业领域。"格罗德诺氮肥""白俄罗斯针布"等公司蜚声海外。

亚马尔—欧洲、伊凡采维奇—斯洛尼姆—利达—白俄罗斯立陶宛边界、伊凡采维奇—斯洛尼姆—格罗德诺天然气管道线路遍布格罗德诺州。该州经济集中于农业，畜牧业和家禽养殖业是农业的主要领域。农业用地占到州面积的一半。戈梅利州是白俄罗斯第一个发展原子能的州。

格罗德诺州与世界119个国家建立了经贸合作关系，其中俄罗斯、波兰、中国、德国、乌克兰、立陶宛、法国、意大利等是主要贸易伙伴。2002年成立"格鲁德诺投资"自由经济区，同时是"涅曼"[①]欧洲区成员。

格罗德诺州的名胜古迹包括建于12世纪的圣鲍里斯和格列伯教堂、新格鲁多克和利达城堡、17—19世纪建成的升天修道院、建于16世纪的历史古迹米尔城堡。

格罗德诺州境内有别洛韦日/比亚沃韦扎森林公园，有43个禁猎区和221个国家及地区的自然景点。

每年州内都会举办20多个国际、国家和州艺术节及赛事，其中最

---

① 1997年6月6日白俄罗斯格罗德诺州与波兰的苏瓦尔克斯科省、立陶宛的阿里图斯县和马里木阿波尔斯科县签订建立"涅曼"欧洲区协议；2002年，俄罗斯加入该协议。

著名的是国家民族文化艺术节和"米尔城堡"艺术节、"新格鲁多克"艺术节。

首府格罗德诺市是白俄罗斯最大的城市之一，居民数量33万人，居全国城市的第五位。戈梅利市是白俄罗斯重要的工业中心之一，化学工业是其主要工业领域，出产矿物肥料、己内酰胺和合成纤维。格罗德诺市有全国唯一的宗教历史博物馆，还拥有手工制品博物馆、白俄罗斯最古老的公园和戏剧、木偶剧院。城市的名片是全白俄罗斯民族文化节。格罗德诺市是全国完整保存古城布局的城市之一，400多个不同风格的历史与建筑古迹都受到国家保护，包括11~19世纪的古城堡建筑群。诗人博格丹诺维奇在这里度过了童年。

❀ 六、明斯克州

明斯克州是白俄罗斯第二大州，占地面积3.98万平方千米，下设22个区，位于白俄罗斯中心，森林占州面积的36%。州人口140万人（明斯克市人口不计）。

明斯克州有24个城市，19个镇。州首府是明斯克市，主要城市有鲍里索夫、维列伊卡、莫洛杰奇诺、索利戈尔斯克和斯卢茨克。

明斯克州是白俄罗斯最大的工业中心和农业中心，在很多方面决定着整个国家经济发展特性。工业主要集中在斯卢茨克、鲍里索夫和莫洛杰奇诺。州重要的企业有白俄罗斯钾肥公司、别拉斯重型自卸车公司、格罗捷斯基糖果联合厂、莫洛杰奇诺牛奶联合厂。

明斯克州是白俄罗斯最大的农业州。州内大部分地区的畜牧业、家禽养殖业、土豆种植业和亚麻种植业以及西南部的甜菜种植业都很发达。大城市周边的农业企业主要从事蔬菜和水果种植。明斯克州对外经贸合作伙伴国达到160多个，其中俄罗斯、中国、巴西、乌克兰、德国和波兰是主要贸易伙伴国。

明斯克州是连接欧洲和东方，黑海沿岸地区和波罗的海诸国的重要交通枢纽。州内的铁路网将欧洲与俄罗斯、波罗的海诸国与独联体南部国家相连。

白俄罗斯历史文化财产名录中有665个不动产项目位于明斯克州境内。鲍里索夫市建于19世纪的复活大教堂、罗果伊斯科市的古城以及城内的建于19世纪的公园与教堂、扎斯拉夫尔市的16—17世纪拯救换装大教堂、斯卢茨克市建于18世纪的木质教堂、光荣墓、"哈腾"纪念碑都是明斯克州主要的历史遗迹。

别廖金国际生态保护区位于明斯克州。该州还拥有纳拉奇湖国家公园的基础部分，多个禁猎区和国家、地区的自然景点。

位于奥泽尔措村的国家历史文化保护区博物馆"涅斯维日"、白俄罗斯国家民间建筑和习俗博物馆，位于拉乌宾奇的白俄罗斯民间艺术博物馆，位于普吉奇河上的古代民间手工业和技术博物馆群都是明斯克州的知名博物馆。

明斯克州不仅举办地区性大众文化活动，也举办国家级文化活动，例如白俄罗斯诗歌节、白俄罗斯室内音乐节等。明斯克州有两个全国最大的高山滑雪中心：罗果伊斯科和西里奇滑雪中心。明斯克州内的宾馆、疗养中心和康复机构有250多个。

七、莫吉廖夫州

莫吉廖夫州是白俄罗斯东部最大的州，与俄罗斯交界，下设21个区。面积2.91万平方千米，37%面积受到切尔诺贝利核电站事故的放射污染。森林覆盖面积37%。人口数量110万人。城市居民数量全国最少。

莫吉廖夫州共有15个城市，6个镇。州首府是莫吉廖夫市，主要城市有博布鲁伊斯克、克里切夫、戈尔基、奥西波维奇、基洛夫斯克、切里科夫等。

莫吉廖夫州是白俄罗斯轮胎、电梯、电动发动机、化纤纺织品的主要生产地。主要的工业领域是食品和饮品、化学产品、橡胶和塑料制品、建筑材料生产、机械制造等。现今州内共有150多个大中型工业企业。最大的工业中心集中在莫吉廖夫、博布罗伊斯科、克里切夫、科斯丘科维奇、奥西波维奇。

因为气候环境适宜粮食种植，该州经济的主要领域是农业。种植业以种植大麦、黑麦、小麦、土豆、饲料农作物为主。畜牧业主要以饲养用来产奶和提供肉类的大型牲畜为主，也养猪和家禽。

莫吉廖夫州积极发展对外贸易，产品销往99个国家和俄罗斯的75个地区。2002年建立"莫吉廖夫自由经济区"。

独联体国家和欧洲最古老的农业大学就位于莫吉廖夫州的戈尔基

市，该校成立于1840年，现为白俄罗斯国立农业科学院，该学院完整的建筑群是白俄罗斯珍贵的历史文化财产。莫吉廖夫州的名胜还有：位于莫吉廖夫市建于17世纪的圣尼古拉大教堂、位于姆斯基斯拉夫的建于17世纪初的天主教会及修道院，位于基洛夫区建于18世纪的王宫公园群，位于克里切夫建于18世纪的波将金大公宫殿和位于申科洛夫建于18世纪的市政机关大楼。此外，莫吉廖夫州内有49个疗养所和康复机构，70个禁猎区和90个国家及地区自然景点。莫吉廖夫州经常举办各种活动，如"金蜜蜂"国际儿童创作节、"友谊之环"民间艺术节、莫吉廖夫州家庭创作节、"莫吉廖夫流行金曲"国际音乐节，以及国际青年戏剧节等。

　　首府莫吉廖夫市是白俄罗斯面积第三大城市，坐落于第聂伯河岸，20世纪30年代，政府曾想迁都于此。现今的莫吉廖夫市是大型的化学工业和机械制造业中心，也是轻工业和食品工业中心。合成纤维联合工厂不仅是白俄罗斯国内，也是欧洲范围内最大的生产聚酯纤维的厂家。白俄罗斯历史最悠久的人造纤维制造厂也坐落于此。莫吉廖夫市是白俄罗斯科学和文化的中心，有2个白俄罗斯国家科学院科学研究所，2个州立剧院，1个音乐厅和5座博物馆。每年这里都会举办宗教音乐节和"冬日想象"舞会。莫吉廖夫市是自然科学家苏德基罗夫斯基和北极研究专家施密特的故乡。

第二章 简史

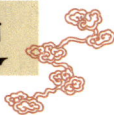

虽然历史上白俄罗斯的古代史并没有独立史书记载，看似不完整，但实际却有一条无形的主线将其串联。因其与俄罗斯历史高度相关，因此这些历史碎片可见于俄罗斯及立陶宛、波兰等国的史书和典籍中。白俄罗斯民族爱好和平，但由于所处地理位置，总是成为周边列强解决争端的战场，因此在地缘政治、经济、军事上具有重要战略意义。

第一节　古代史

几个世纪以来，封建领主之间的争夺，立陶宛大公国、波兰大公国和俄罗斯帝国的争夺，以及拿破仑和德国的入侵等，使白俄罗斯经历了无数次战争。白俄罗斯作为一个独立民族出现是在 14 世纪。当时，立陶宛大公国、波兰大公国等为与莫斯科公国抗衡，划出白俄罗斯地域，使其处于立陶宛大公国、波兰大公国、俄罗斯帝国之间，起到缓冲的作用。

一、公元 10 世纪前的历史发展

历史上白俄罗斯族、俄罗斯族属于东斯拉夫民族，而东斯拉夫人是欧洲最古老和最庞大的部族斯拉夫人的一个支系。很多学者认为斯拉夫人起源于欧洲南部的多瑙河流域。从公元 6 世纪起，斯拉夫部族开始分化。在拜占庭的历史著作中已经将斯拉夫族分为西斯拉夫人、南斯拉夫人和东斯拉夫人，并将东斯拉夫人称为"安特人"。当时，东

斯拉夫人主要居住于德涅斯特和第聂伯河的下游，直至黑海沿岸及以东地区，主要以农业、畜牧业和渔猎为生。他们奉万物为神灵。在公元6世纪时东斯拉夫人还没有建立国家，其社会制度大体处于由原始的氏族公社制社会向奴隶制社会过渡时期。俄国最早的历史著作《往年纪事》中记载，东斯拉夫人共有30多个部落。在公元10世纪前，东斯拉夫人各部落一直处于流动和迁移的状态。有研究表明，东斯拉夫人部落是后来的俄罗斯族、乌克兰族、白俄罗斯族这三个民族的祖先。相近的血缘、地缘关系和长期的共同生活为上述三个民族奠定了历史、语言和文化亲近的基础。

根据俄国民族学家沙赫马托夫对东斯拉夫民族起源的研究结果，白俄罗斯人的祖先可追溯为9世纪就已居住在第聂伯河中游的维亚季奇人，以及6—7世纪时来自西部的拉季米奇人和德列哥维奇人。1994年版的《白俄罗斯大事记》中记载，公元8世纪，明斯克地区就有白俄罗斯人的活动。公元9世纪时，俄罗斯还叫作"罗斯"，是游荡在欧洲第聂伯河和伏尔加河一带的游牧公国。公元9世纪至11世纪，大部分领土属于基辅罗斯。公元862年，留里克兄弟进攻诺夫哥罗德城，在俄罗斯平原上建立起第一个封建性质的国家，这个国家得名罗斯。以往的历史著作将其称为古罗斯。到公元10世纪初，留里克的继任者奥列格大公建立起以基辅为中心的幅员辽阔的国家，即基辅罗斯，随后他继续南下，陆续兼并了索日河流域的拉季米奇人和涅曼河上游的德列哥维奇人等，成为当时欧洲的一个大国，构成了未来的俄国中央集权国家的雏形。公元965年，伊戈尔大公和奥尔加女大公的儿子斯维亚托斯拉夫继承大公位后，征服了东斯拉夫人的最后一个部落，即西部奥卡河流域的维亚季奇人。至此，东斯拉夫人的各个部落基本上被纳入基辅罗斯的版图之内。后来，虽然维亚季奇人和拉季米奇人曾做过抗争，但都被斯维亚托斯拉夫的儿子弗拉基米尔大公镇压下去。至公元10世纪，白俄罗斯人的先祖维亚季奇人、拉季米奇人、德列哥维奇人与现在的俄罗斯人和乌克兰人一起并入基辅罗斯。基辅罗斯是俄罗斯、乌克兰和白俄罗斯共同的摇篮，这几个国家的文化和生活习俗颇为相似。

❀ 二、公元19世纪前的白俄罗斯历史发展

历史上除了出现几个零散的公国外，白俄罗斯曾经在很长一段时期内先后处于基辅罗斯、立陶宛大公国、波兰大公国的影响及争夺之下。公元11世纪，雅罗斯拉夫大公统治时期，基辅罗斯的政治、军事、经济和文化达到鼎盛状态，并将其西部边界推至波罗的海沿岸，将一部分波兰大公国、立陶宛大公国和芬兰的领土纳入其版图，并把所有斯拉夫人和非斯拉夫人联合在一起，使基辅罗斯成为当时欧洲最大的国家。在其死后，他的五个儿子争权夺势，纷纷建立割据势力，直接导致了基辅罗斯的衰败。

（一）12—14世纪白俄罗斯的历史发展

到12世纪，基辅罗斯已经分裂成许多独立的公国，所受到的来自外部势力的威胁也日趋增加。12世纪初建立了波洛茨克、图罗夫-平斯克等一些封建公国，明斯克公国也是在这一时期建立。13—14世纪，现在的白俄罗斯领土还属立陶宛大公国。14世纪起，立陶宛大公国崛起成为东欧大国，原基辅罗斯的大部分领土划归立陶宛大公国。白俄罗斯并入立陶宛大公国后，白俄罗斯境内的社会经济和民族文化不断融合、加强，为白俄罗斯民族文化的形成创造了条件。

（二）16世纪白俄罗斯的历史发展

16世纪中期，在金帐汗国的扶植下，莫斯科公国崛起，伊凡大公收买东正教大主教，贿赂和游说金帐汗的家人，为其日后领导东北罗斯各公国反抗金帐汗国统治，重新统一俄罗斯奠定了基础。15世纪80年代，罗斯人终于推翻了蒙古金帐汗国的统治。到16世纪初，瓦西里三世统治时期，莫斯科大公的专制权力进一步扩大，俄罗斯统一国家的版图基本形成。到伊凡四世时，公开宣称自己为"沙皇"。从1569年起白俄罗斯属波兰立陶宛(联合) 大公国，在此过程中，白俄罗斯吸收了部分立陶宛人的民族成分，并受到波兰的影响，逐渐形成了单独的白俄罗斯部族。当时，实行公社管理制度，毗邻公社掌管土地和分配税额，牧场、森林、猎区、渔场等均为公社所有，公社成员在经济上互帮互助。16世纪时，波兰已发展成东欧的封建强国，领土面积居欧洲第三位，包括现今的乌克兰、白俄罗斯的大片土地。但是从17世

纪中叶起波兰走向衰落，农奴制得到加强，封建割据严重，政局混乱，波兰国力逐渐衰弱，因而成为列强争夺的对象。到18世纪末，波兰被三次瓜分（1772、1793和1795年）。三次瓜分波兰的过程中，俄罗斯抢夺的领土约占原波兰领土的62%，约46万多平方千米；普鲁士抢夺的领土约占原波兰领土的20%，约14.11万平方千米；奥地利抢夺的领土约占原波兰领土的18%，约12.18万平方千米。经历了这三次瓜分之后，波兰亡国，波兰从欧洲地图上消失长达123年之久。在1793年瓜分波兰后，白俄罗斯被沙皇俄国吞并，沦为俄国的殖民地。随着资本主义的发展，各地居民之间经济和文化联系日益频繁和巩固，现在的白俄罗斯民族终于在19世纪中期形成。

（三）17世纪白俄罗斯的历史发展

从17世纪初开始，罗曼诺夫王朝在俄国开始了长达300年的统治。通过不断与欧洲接触，推行社会经济改革，特别是彼得一世改革，在生活习俗方面推行法国和英国的方式，一定程度上拉近了与西方的距离。这样，到19世纪末，俄罗斯国家的版图最终确立，俄罗斯成为从280万平方千米扩展为2 280万平方千米（其中殖民地面积为1 740万平方千米）的殖民帝国。

俄、白两个民族共同生活的历史超过300年，两国人民的历史命运一致，历史上多次共同抵制外敌入侵，经受住了考验。无论是1812年法军的进攻，还是1941年苏联卫国战争时期德军的入侵，都是从白俄罗斯向莫斯科逐步推进。正如学者指出，白俄罗斯在民族、文化和宗教等诸多方面与俄罗斯存在很多相同、相通、相似、相容之处，两者之间并不存在明显的矛盾和冲突。

第二节　独立前的历史沿革

❖ 一、十月革命前的历史沿革

19世纪60年代和70年代，资本主义的竞争发展到了顶点。在这一时期里，欧美资本主义国家工人运动获得发展，马克思主义在许多国家得以广泛传播，这些都为工人政党的建立创造了条件。1898年3月1日至3日，俄国几个地方的社会民主主义组织的代表聚集在白俄罗斯明斯克郊外的一所小木房里，秘密地举行了第一次代表大会。这次大会（史称"俄国社会民主工党第一次代表大会"）通过了关于建立俄国社会民主工党的决定，选出了中央委员会。但在大会闭幕后，有两名中央委员很快被沙皇政府逮捕。此时，俄国无产阶级政党还没有建立起来。俄国马克思主义者面临的迫切任务就是要继续为建立新型的马克思主义政党而斗争。

✿ 二、十月革命后的历史沿革

随着1917年11月俄国十月革命一声炮响，在布尔什维克党和列宁领导下的俄国无产阶级推翻了当时的俄国政权，建立起以列宁为首的苏维埃政府。可以说，俄国十月革命的胜利翻开了世界现代史的新篇章。从此俄罗斯称苏俄，这一名称延续到1922年苏联成立。在俄罗斯苏维埃联邦社会主义共和国成立后，一些共和国纷纷宣告成立，包括乌克兰、亚美尼亚、格鲁吉亚等。1918年2月至11月，第一次世界大战德意志帝国战败前，白俄罗斯大部分领土被德军占领。1918年3月25日，白俄罗斯人民共和国成立，但当德军撤退后，这个共和政体很快就解体了。1919年1月1日，白俄罗斯苏维埃社会主义共和国成立。其后，其他共和国纷纷独立。在反对帝国主义的斗争中和国内战争期间，各独立的共和国互相援助，在经济、政治和军事方面密切合作。俄罗斯与各独立共和国先后建立同盟条约。1921年6月，俄罗斯与白俄罗斯苏维埃共和国签订了同盟条约。这些条约为未来建立统一联盟打下了良好的基础。第一次世界大战后波兰复国，之后发生苏波战争，苏俄割让西白俄罗斯和西乌克兰给波兰第二共和国。1922年底，苏联成立，最初由俄罗斯、外高加索、乌克兰和白俄罗斯四个共和国组成，后来发展到15个加盟共和国。

✿ 三、二战爆发后至独立前的历史沿革

1941年6月22日，德国撕毁苏德互不侵犯条约，并纠集其附庸国对苏联突然袭击。战争初期，德军迅速占领立陶宛、拉脱维亚、白俄罗斯和乌克兰的一部分。守卫布列斯特要塞的苏军奋起抵抗，打响了

苏联卫国战争的第一枪。德军部队很快就突破了要塞的防御，向明斯克方向挺进。但是，守卫要塞的苏军在布列斯特要塞展开了英勇的保卫战。这场战斗持续了一个多月。到7月末，守卫要塞的苏军几乎全部阵亡，他们用自己的生命写下了苏联卫国战争史上可歌可泣的一页。1965年，布列斯特要塞被授予"英雄要塞"称号，要塞遗址上修建起了历史博物馆。在卫国战争期间，白俄罗斯牺牲了其1/4的国民来阻止德国军队东进。苏德战争扩大了苏联的版图和社会主义的影响。在按照雅尔塔体系重新划分的欧洲版图里，苏联的领土扩大了60万平方千米。同时，波罗的海沿岸国家爱沙尼亚、拉脱维亚、立陶宛加入苏联，波兰东部的西乌克兰和西白俄罗斯也并入苏联。

1990年7月27日，白俄罗斯最高苏维埃通过《主权宣言》。1991年8月25日，白俄罗斯宣布独立。1991年12月8日，俄罗斯总统叶利钦、乌克兰总统克拉夫丘克、白俄罗斯最高苏维埃主席舒什克维奇在白俄罗斯的布列斯特附近的别洛韦日森林别墅签订《别洛韦日协定》，宣布：曾作为苏维埃社会主义共和国联盟的发起国签署过1922年联盟条约的白俄罗斯共和国、俄罗斯联邦和乌克兰三国明确指出，"苏联作为国际法主体和地缘政治实体将停止存在。"同年12月19日，白俄罗斯苏维埃社会主义共和国正式改国名为白俄罗斯共和国。

到目前为止，白俄罗斯是为数不多的、在苏联解体后依然庆祝十月革命胜利的国家。每年的11月7日是革命纪念日，也是白俄罗斯的节日，人们在这一天放假并举行庆祝活动。正如白俄罗斯总统卢卡申科在庆祝俄国十月社会主义革命胜利时所说，白俄罗斯接受十月革命伟大的社会理想和奋斗目标，没有抛弃十月革命带来的成果，没有背叛追求人民平等、社会公平而无私奉献的先辈烈士们。可见，十月革命对白俄罗斯产生的深远影响一直延续至今。

第三节　独立后的历史沿革

苏联解体后，白俄罗斯所走的是一条与原苏联各加盟共和国不同的发展道路。它以"总统制"为核心，建立"统一的、民主制社会的法治国家"，将公民的社会保障体系维持在一个较高的水平，抑制民族主义的膨胀，严厉打击犯罪。白俄罗斯没有像邻国波兰和俄罗斯一样因搞激进的"休克疗法"而陷入经济倒退泥潭，而是循序渐进地搞"以社会为指向的市场经济"，保存了高度集中的出口型工业生产。没有搞大规模的私有化，尤其是没有大规模地进行土地私有化，而是建立起以国有企业为主体、多种所有制并存的经济体制。主动削减军队人数，倡议并实现了俄白联盟。总的来讲，白俄罗斯独立20多年来，保持了社会政治局势稳定和经济持续增长。

一、独立后的政治体制

在苏联的15个加盟共和国中，白俄罗斯是保留苏联印记最多的国家。至今在白俄罗斯首都明斯克，以社会主义、共产主义、共青团等命名的街道名称随处可见，包括饭店的命名亦是如此。斯大林以及一些苏联元帅的雕像依旧矗立在广场上。因此有人说："到了白俄罗斯，就好像回到了苏联。"而且，白俄罗斯的政府机构也保留了苏联时期的名称。

总理仍叫部长会议主席，州长、市长和区长叫州、市或区执行委员会主席。议会的名称在1996年11月修改宪法后，由原来的"最高苏维埃"改为国民会议，由共和国院（上院）和代表院（下院）组成。相比之下最大的变化是，从1994年7月起，白俄罗斯开始实行总统制，议会的权力大为削弱。

白俄罗斯政府实行面向社会的市场经济，特别重视居民的社会保障问题，不仅坚持保留了苏联时期的免费医疗和免费义务教育制度，而且扶助多子女家庭、孤残人、老战士等弱势群体。每年用于社会保障的开支占政府预算开支的2/3以上。

❧ 二、独立后的经济改革

白俄罗斯独立后，起初由舒什凯维奇执政。在其执政期间，白俄罗斯经济受俄罗斯经济严重倒退影响较大，经济遭到严重破坏。1992年至1994年，白俄罗斯国内生产总值分别逐年递减9.6%和7.6%，而且社会秩序混乱，政治腐败，人民生活水平下降，白俄罗斯社会对经济困难的忍受达到极限，爆发了大规模的罢工和示威游行。

1994年，卢卡申科当选为白俄罗斯总统。当选后，卢卡申科采取了一系列经济改革方针和措施，一定程度上扭转了经济下滑的危局，从而使国民经济获得了很大的修复。他摒弃全盘私有化和"休克疗法"，叫停价格改革，保障了社会福利，把"自由市场经济"扭转到"面向社会的市场经济"上来。1995年，白俄罗斯的经济从危机中逐渐走出，进入恢复性增长时期。

❧ 三、独立后与俄罗斯关系的发展

独立后的白俄罗斯坚持独立自主的内外政策，反对全盘接受西方模式，保留了苏联时期的一些传统习惯和意识形态，与俄罗斯结盟并反对北约东扩。白、俄两国于1992年6月25日建交，1997年签订俄白联盟条约，1999年签订《关于成立俄白联盟国家的条约》，2000年条约正式生效。白俄罗斯支持俄罗斯推进独联体一体化进程，2011年与俄罗斯、哈萨克斯坦成立三国关税同盟，共同推进统一经济空间、欧亚经济共同体、集体安全条约组织一体化机制建设，大力支持俄罗斯提出的建立"欧亚联盟"的构想。

2012年5月，普京再次当选俄总统后，首次出访的目的地就是白俄罗斯，两国元首签署联合声明。之后，两国各级往来频繁，包括俄罗斯联邦委员会主席马特维延科、国家杜马主席纳雷什金分别访问白俄罗斯。时任俄罗斯总理的梅德韦杰夫与时任白俄罗斯总理的米亚斯尼科维奇在明斯克也举行过联盟国家部长级会议。

最近十多年来，白、俄两国在政治、经济、军事和人文领域一体化方面取得了不少成果，但仍存在一些问题，双方的分歧虽然使俄、白一体化进程受到一些阻碍，但仍有很大的发展空间。除了与俄罗斯发展外交关系外，白俄罗斯也同包括中国在内的世界上很多国家大力发展政治、经济和外交关系。近年，中白两国各领域关系发展密切，两国首脑互访、高层互动，在经贸、人文、教育、艺术等领域的合作不断加深。

第三章　政治

　　白俄罗斯于1991年8月25日宣布独立，对外宣布建立民主法治国家，并实行三权分立制度。1994年，《白俄罗斯共和国宪法》颁布；1996年，以全民公决形式修改了宪法。该宪法规定了国家性质、国家制度形式、国家政权体制的法律基础和基本原则等，为国家治理提供了法律基础。白俄罗斯实行多党制，政党林立，但体系松散，缺乏稳定性，导致政党在政治生活中影响较小。其中白俄罗斯共产党支持总统的施政方针，而白俄罗斯共产党人党则反对总统的内外政策，这是白俄罗斯政党政治的特点。自1991年独立以来，改组了最高苏维埃领导机构，开始了不同于苏联的新的政治历程。

第一节　　国家标志

　　白俄罗斯于1991年8月25日宣布独立，1991年12月19日改名为"白俄罗斯共和国"，简称"白俄罗斯"。白俄罗斯位于欧洲中心，原为苏联的加盟共和国，"白俄罗斯"这一称呼出现在白俄罗斯土地归入立陶宛大公国时期，"白"表示"自由的、独立的"和"纯粹的"。此后的200多年间，白俄罗斯民族逐渐形成。关于白俄罗斯名称的由来，一种说法认为，作为斯拉夫族东支的白俄罗斯人，比俄罗斯人、乌克兰人保留更纯的古斯拉夫人的血统和特点，故白俄罗斯可释为"纯的罗斯人"。另一种说法认为，古代该民族喜穿漂白的亚麻布服装和用白布绑腿，故而得名。还有一种说法认为，白俄罗斯人是从鞑靼人的统治下解放出来的，"白"有自由或解放的意思。也有说法认为因古代白俄罗斯人是金发、灰眼、肤色白皙，喜穿白色衣服的种族，因此其民族取名为白俄罗斯，国家取名于民族的名称。

国旗

白俄罗斯国旗呈长方形，长宽比为2:1。国旗上半部分为红色宽条，下半部分为绿色窄条，旗面左侧为具有民族特色的红白花纹竖条。国旗各个颜色具有一定的象征意义。红色代表击败侵略者，象征光荣的过去。绿色代表森林与田地，代表希望。左边花纹代表民族的传统文化与精神的延续及人民的团结。

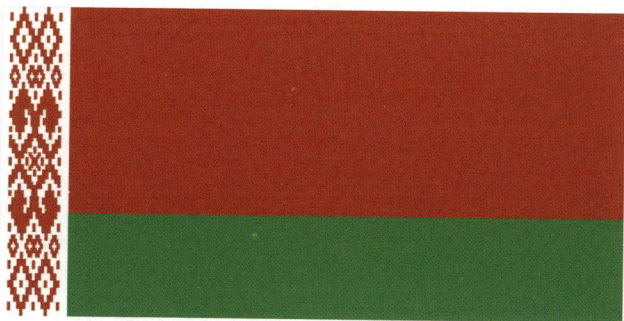

国徽

白俄罗斯国徽的正中心是白俄罗斯的版图，叠放在金色及呈放射状的太阳光之上。光的源头是一个太阳图案，但一半被一个更大的地球图案遮盖。而且这个地球图案也只有一半，地球表面以紫色和蓝色分别显示部分欧亚大陆及水域。国徽的左右被小麦秸秆包围，并衬托着鲜花，左侧是三叶草属植物，右侧是亚麻花。一条长长的彩带缠绕着两边的小麦秸秆，彩带与国旗一样以红、绿条相间，彩带的正中间写着"白俄罗斯共和国"，字体呈金黄色。国徽正上方是一枚五角星。国徽象征着白俄罗斯勤劳的理念、正义的胜利以及傲立于世界民族之林的信心。

国歌

白俄罗斯国歌是《我们白俄罗斯人》。歌词大意为：自由的风为你的名字唱着自由的歌，绿林以亲切的声音为你呼唤，太阳以火焰歌颂着你的声名远播，繁星为分散的力量倾注信念……复兴的清风已吹遍各个角落，怀着无限的精神，祖国更美好快乐的日子已经到来。

第二节　　宪法

　　1994年3月15日，白俄罗斯颁布了独立后的第一部宪法，即《白俄罗斯共和国宪法》。根据宪法规定，白俄罗斯实行议会制政体，宪法对国家政治制度和总统权力做了规定，取消了总统任意解散议会的权限。1996年11月24日，总统与第13届最高苏维埃权力斗争激化，卢卡申科总统下令举行全民公决。根据公决结果，批准了卢卡申科总统提出的宪法修正案，并于1996年11月27日生效。新宪法规定，白俄罗斯议会由一院制改为两院制，同时组建了新的两院制会议。白俄罗斯议会称国民议会，由共和国院（上院）64名议员和代表院（下院）110名代表组成，每4年选举一次。部长会议是白俄罗斯执行权力机构。同时，新宪法还规定，白俄罗斯实行总统制和三权分立。白俄罗斯共和国国民会议作为常设的和唯一的立法机关，行使立法权，内阁行使执行权，法院行使司法权。这三者既是相对独立的，又是彼此制约的；总统作为国家元首和武装力量总司令，由选举产生，任期五年，连任不得超过两届；总统有权组织全民公决、解散议会、确定各级议会选举、任命政府总理、副总理及其他政府成员等。虽然宪法规定白俄罗斯实行总统制，但总统的权力远不及俄罗斯、土库曼斯坦等中亚国家总统的权力大，总统在国内政治生活和决定国内主要政策方面还要受制于议会。

　　1994年宪法基本实现了立法、司法和行政的分立和平衡。议会拥有立法权，司法系统由议会和总统共同提名，通过议会选举产生和任命。政府总理和主要部长由总统提名，通过议会批准。总统拥有行政权，负责领导和组织政府。一个基本符合西方民主宪政精神的宪法为白俄罗斯政治转轨确立了法律基础。

第三节　政党

　　白俄罗斯没有执政党。国民会议选举不按党派而按选区分配名额，因而在白俄罗斯议会中没有固定的议会党团。截至2013年底，白俄罗斯共有15个合法政党，37个合法工会，2 402个合法社会团体（其中国际性团体230个）。

一、白俄罗斯共产党

　　1918年12月30日，白俄罗斯共产党成立。白俄罗斯共产党是苏联共产党组成部分的白俄罗斯共产党的合法继承人，原有党员60万人，是白俄罗斯历史最长的一个政党。1991年苏联"8·19"事件后，当时执政的作为苏联共产党一部分的白俄罗斯共产党被取缔。1993年，其并入白俄罗斯共产党人党。白俄罗斯共产党是白俄罗斯国内的主要政党之一，在很多城市和地区都恢复了苏联时期的党组织，现有成员大约6 000人。基本纲领是通过合法途径恢复社会主义制度，建立公正的无阶级社会，在自愿基础上重建统一国家。同政权开展建设性合作，是白俄罗斯共产党工作中的突出特征。该党拥护卢卡申科总统，在议会下院中占有8席。党的最高权力机关是代表大会，大会闭幕后由中央委员会代行大会的职能。2005年3月，化学家塔季扬娜·根纳季耶夫娜·戈卢别娃当选为党中央第一书记，2007年12月连任。白俄罗斯共产党与俄罗斯共产党关系密切。

二、白俄罗斯共产党人党

　　1991年"8·19"事件后白俄罗斯共产党被禁止活动，近80%的党员脱党，党的机构处于瘫痪状态。在此期间，白俄罗斯共产党领导人两次上书白俄罗斯议会，要求解除中止白俄罗斯共产党活动的禁令，但未得到当局的批准。在这种情况下，白俄罗斯共产党的一些骨干分子决定组建新党——白俄罗斯共产党人党。该党1991年12月7日成立，现有成员约2.6万人。其中一半是已退休的党员，党组织遍布全国。其基本纲领是坚持社会主义和苏维埃制度，按自愿原则建立苏联国家新的联盟。1996年起，该党与右派势力结成联盟，反对卢卡申科总统，成为现政权的反对派。2007年8月，白俄罗斯最高法院宣布暂停该党活动半年。2008年1月，白俄罗斯司法部上诉高法建议取缔该党，后撤销诉讼。党中央第一书记为谢尔盖·伊万诺维奇·卡利亚金。白俄罗斯共产党人党承认社会主义，反对市场经济改革，认为应该改变改革方向。但同时，白俄罗斯共产党人党仅仅承认通过生产资本转化成劳动集体财产形成的私有化的存在，强调国家在内外经济中的主导作用，反对总统制，认为议会制是可以接受的形式。并且白俄罗斯共产党人党是左翼组织的核心，与"民主运动""社会进步与正义""列宁共产主义青年团"等组织关系较密切，这些组织的领导人也都处于共产党人党的领导层。

三、白俄罗斯人民阵线党

该党于1988年10月19日成立，并于1989年初建立了白俄罗斯各州、市、区分部。1999年10月，白俄罗斯人民阵线党发生分裂。原主席波兹尼亚克带领部分成员另建新党——白俄罗斯人民阵线基督保守党，后改名为白俄罗斯人民阵线党，现有成员1 300多人。该党是白俄罗斯共和国主要的右翼政党之一，自称是现政权"不妥协的反对派"。

四、其他党派和社会团体

联合公民党，1995年10月1日成立，现有成员约3 000多人，是白俄罗斯主要的右翼政党之一。自由民主党，1994年2月5日成立，现有党员3.7万人，是建设性反对派。此外，还有社会民主党、社会民主大会党、农业党、共和国劳动正义党、爱国党、社会体育运动党、绿党、共和党、人民阵线基督保守党、人民团结社会民主党（人民团结党）等。此外，还有一些社会团体，如工人协会、生态联合会等。

第四节　议会

一、议会的构成

白俄罗斯1996年修宪后的议会称国民会议，由共和国院（上院）和代表院（下院）组成，每届任期五年。共和国院共有64名代表，其中56名由全国6州1市（明斯克）的地方苏维埃代表会议以秘密投票方式各选举8名产生，另8名由总统任命。代表院由110名代表组成，以秘密投票方式直接普选产生，议会的权力期限为四年。根据宪法规定，总统可提前中止众议院或共和国院的权力。在议会违反宪法，并经宪法法院做出结论时，可提前中止两院的权力。选举经费从国家财政中支出，社会团体、企事业单位、其他组织及个人均可在法律许可范围内资助选举，由中央选举与全民公决委员会（中选委）负责组织选举。

二、议会和两院的权力

共和国院的主要职权是通过或否决下院通过的法案，批准总统关于司法机构、中央选举和全民公决委员会、中央银行领导人的任命，选举宪法法院的6位法官，决定解散地方代表苏维埃，审议总统关于战争状态和紧急状态的命令，审议下院对总统的弹劾等。

代表院的主要职权是审议宪法修改补充草案和各类法案，确定总统大选日期，批准总统关于总理的任命，对政府表示不信任，接受总统辞职等。众议院二次否决纲领即表示不信任政府；根据总理的倡议审议对政府的信任问题；根据不少于1/3的众议院全体成员的倡议，对政府不信任提案进行表决；接受总统的辞职；众议院全体成员的多数可以提出对总统叛国或犯有其他重罪的诉讼。

议会在法定框架内与外国议会或国际议会组织开展交流合作，包括组织团组互访、议会组织友好小组交流及议员出席各种国际活动等。议会有权与外国议会或国际议会组织签署关于议会合作的双边文件。

第五节　政府

一、政府的产生及地位

白俄罗斯共和国由政府内阁行使执行权，政府内阁是中央国家管理机构，政府向总统报告自己的工作情况并对议会负责。总理由总统经众议院同意后方可任命。在总统提出总理候选人建议之日起不迟于两星期内，代表院就总理提名进行表决。在代表院两次否决总理候选人提名的情况下，白俄罗斯共和国总统有权任命白俄罗斯共和国总理，解散代表院并决定新的选举。

二、白俄罗斯共和国总理的职权

白俄罗斯共和国总理直接领导政府工作，对其工作负有个人责任；签署政府决议；在被任命后的一个月内向议会报告政府纲领，在政府纲领被否决的情况下，在两个月内再次向议会报告政府纲领；向总统通报政府工作基本方针和所有重要决策；履行其他与政府的组织和工作有关的职能。

三、政府的职权

白俄罗斯政府领导下属的国家管理机构体系和其他执行机构体系；制定内外政策的基本方针和采取措施加以实施；制定和向总统报告提交议会的共和国预算草案和预算执行报告；保证奉行统一的经济、财政、信贷和货币政策；采取措施确保公民的权利和自由；保护国家利益、国家安全和防御能力；撤销各部法令；履行宪法、法律和总统的法令、命令和指示；组织国家所有财产的管理；颁布在白俄罗斯共和国全境具有约束力的政府法令。

第六节　司法机关

白俄罗斯共和国设宪法法院、最高法院、最高经济法院和总检察院。白俄罗斯共和国司法制度由法律规定，禁止建立特别法庭。法院独立行使审判权，只对法律负责，不允许任何行为干涉行使审判权法官的审判。白俄罗斯共和国宪法法院由12位法官组成，其中6名法官由总统任命，另外6名法官由共和国院选举产生。最高法院院长由法院任命。法院对案件进行集体审查，在法律许可的情况下，可由法官单独审查。法院对所有案件的审理都是公开的，只有在法律规定并遵守司法制度的情况下才允许法院非公开审理案件。在审理过程中，通过辩论，在各方平等的基础上行使审判权，各方有权对决定、判决和法院决议提起上诉。

白俄罗斯共和国总检察院一共设置6个州检察院，各州下设市辖与区辖检察院共139个，1个明斯克市检察院（下设9个区检察院），1个交通检察院（下设8个区交通检察院），1个军事检察院（下设11个军分区军事检察院）。其中，总检察院依据《白俄罗斯共和国宪法》履行职能。总检察院是以总检察长为首的中央集权检察机关系统，检察长职务由共和国院批准，由总统直接下达任命。总检察长及其下属应遵循法律，并独立履行职权，直接向总统负责。有四部法律对检察机关职权予以界定，分别是《白俄罗斯共和国检察机关法》《白俄罗斯共和国反腐败法》《公民待遇法》《人口改善法》。

第四章　军事

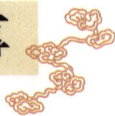

第一节　　概况

　　现代白俄罗斯军队的历史可追溯到苏联时期，当时称为明斯克军区。该军区成立于1918年11月28日。1918年12月4日更名为西部军区。1919年6月26日—1919年8月6日，该军区从属于西部战线的指挥。根据苏联革命军事委员的命令，1926年10月2日，该军区更名为白俄罗斯军区。

　　白俄罗斯军区根据1938年7月26日发布的《白俄罗斯军区更名和重组》的命令更名为白俄罗斯特别军区，由维捷布斯克部队和博布罗依斯克部队两个部队组成。

　　1939—1940年，白俄罗斯特别军区参加了苏联-芬兰战役。1940年7月11日，白俄罗斯特别军区更名为西部特别军区。1941年6月22日，在西部特别军区的基础上成立西部战线。根据1943年10月5日苏联国防委员会的命令，重新成立白俄罗斯军区。军区总部最初设在莫斯科，后改在斯摩棱斯克，1944年8月迁至明斯克。军区辖区包括斯摩棱斯克州以及白俄罗斯苏维埃共和国被解放的其他地区。1945年1月1日，白俄罗斯军区更名为白俄罗斯-立陶宛军区。

　　1945年7月9日，白俄罗斯-立陶宛军区被划分成明斯克军区和巴拉诺维奇军区。1946年2月4日，两个军区合并为统一的白俄罗斯军区，所辖区域为白俄罗斯全境。军区总部最初位于博布罗依斯克，自1947年1月起总部移至明斯克。

俄罗斯宣布独立后，该国最高苏维埃决定建立本国军队。白俄罗斯政府通过《建立白俄罗斯武装力量》法令，宣布苏联武装力量白俄罗斯军区正式取消，白俄罗斯军队正式成立。

第二节　军队力量构成

白俄罗斯武装力量成立时，根据《欧洲常规武装力量条约》及后续文件，白俄罗斯同意将武器装备如坦克、装甲车、火炮装置、战机、作战直升机等控制在一定数量。

1996年初，白俄罗斯军队机构重组也相继完成，诸兵种合成集团军和坦克集团军合并为部队军团，之后在此基础上建立作战战术指挥部；摩托化步兵师和坦克师；成立独立的机械化旅或武器和技术基地；空降师和独立空降旅，以及总指挥部第五特种旅改组为机动部队（后改为特种部队）；空军师和航空基地。改组后划定国防部长和总参谋部之间的权力范围。自2001年12月起，白俄罗斯军事力量由陆军，空军和防空军组成。现今白俄罗斯的军事力量分为两个作战战术指挥部（西部和西北部），下设的陆军包括机械化旅、机动旅、特种旅、炮兵旅、防空导弹旅；空军和防空军包括航空基地、防空导弹旅和通信技术旅。

❖ 一、陆军

陆军是白俄罗斯军事力量中人数最多，人员组成最多样的部队。陆军的任务是对敌人实施打击，瓦解敌军的入侵。陆军各类部队与专门部队拥有自己特有的武器、军事技术和组织。陆军编制包括机械化部队、导弹部队和火炮部队、防空部队、专门部队、后勤和技术保障部门。

西部和西北部作战群是陆军的基本构成，在和平时期可以限制和消除武装冲突，必要时可以进行地区作战，保障全部军事力量，国家所有军事组织的作战战略的及时推进。现任西部作战群指挥官为维克多·格纳季耶维奇·赫列宁，现任西北部作战群指挥官为亚历山大·格里高耶维奇·沃尔法维奇。

陆军的技术装备和武器包括汽车、装甲车、防空防御、导弹、火炮和射击武器。

❦ 二、空军和防空军

独立后的白俄罗斯成立了空军和防空军。作为武装力量的一种，其任务是保护遭受空中袭击的地区、掩体和军队，攻击敌军的掩体、军事经济潜力和军队，对陆军进行火力支持，保障其军事行动。空军和防空军的组织包括直属部队、专门部队、作战保障、技术和后勤保障部队。和平时期与战争时期空军和防空军都应协同陆军的防空部队、导弹部队、火炮部队与电子通信部队一起完成任务。

2002年空军和防空军形成两个作战战术指挥部：西部和西北部。部队积极研发和使用自动化管理系统，武器和技术装备的现代化在部队中占有重要位置。空军和防空军提高了战术技术以及武器的抗干扰能力，搬入现代化的部队基地，增加了训练日常设施。在国际军事合作中，空军和防空军与相关国家建立了联系，既追求多边也追求双边的军事航空与防空防御领域的合作。现任白俄罗斯空军和防空军司令员为伊戈尔·弗拉基米尔·洛维奇，总参谋长为谢尔盖·尼古拉耶维奇。

❦ 三、特种部队

20世纪80—90年代，苏联军事力量中最具战斗力的部分是空降部队，是陆军的高机动部队，在敌军后勤部执行任务。空降部队既可配合陆军，也可独立执行任务。苏联解体后原第一〇三空降师，第三十八空降突击旅和第五独立特殊任务旅归属白俄罗斯共和国。3支部队改组为独立的机动部队，以此为基础，白俄罗斯建立了本国的机动力量。根据当时的领导文件，机动部队属于陆军，任务是掩护国家军事力量进行战略推进，阻止敌人的特殊行动，解决突发问题。

2004年初，由于特种力量在现代战争中作用的不断加强，白俄罗斯建立武装力量总部特别行动力量处。2007年8月1日，在此基础上建立特别力量指挥部。现今特种部队已成为专门建立、培训和装备的部队，任务是执行达到政治、军事、经济和心理目的的专门任务。现任特种部队司令员为瓦季姆·伊凡洛维奇。

❖ 四、专门部队

专门部队是保障陆军的战斗行动、解决陆军问题的部队，包括侦察部队、无线电子战部队、通信部队、工程部队、辐射化学及生物防卫与生态处、领航地形测绘局。

第三节　　兵役制度

白俄罗斯独立前实行义务兵役制。独立后根据《军人义务和兵役法》规定，实行义务兵役与原备兵役、合同兵役相结合的兵役制度。

❖ 一、义务兵役

年满十八岁至二十七岁的男性公民须服义务兵役。未受过高等教育的义务兵服役期为十八个月，受过高等教育的义务兵服役期为十二个月。在按照培养下级指挥官大纲授课的军事教研室或系学习过，通过培训考试的服役期为六个月。对于征召入伍的军官，其服役期为十二个月。义务兵可获得相应军衔。

❖ 二、后备兵役

后备兵役是应征服义务兵役的公民义务完成的，需在部队和武装力量或交通部队服役的一种兵役制度。服役期间需经过学习或短期培训，目的是在工作的同时获得军事专业。

后备役军人在学习或短期军事培训期间与服义务兵役的军人一样，拥有军人头衔。学习或短期军事培训的时间被计入服兵役的年限，发放退休金、部队服役补贴以及获得军衔时可计入。根据白俄罗斯的法律，也计入工龄。在武装力量和其他军事组织不需要征召军人时，后备兵役征召的是应征义务兵役的公民。服后备兵役需遵守《军人义务和兵役法》。武装力量总部决定服后备兵役的人数、各州委员会名单、派遣后备兵役的期限、军事专业的名单、接受后备兵役的部队名单。服后备兵役的内容包括：在部队登记和取消登记；获得军衔；学习或短期军事培训；从后备兵役退役等。

后备役的服役期限为：未受过高等教育的公民为三学年；受过高等教育的为二学年；在军事教研室或系经过下级指挥官培训并通过培训考试的公民为一学年。后备役军官抵达部队学习的期限由部队指挥官决定。

三、合同兵役

下列人员可以签署合同兵役：

正在服义务兵役和服义务兵役不少于六个月的军人；应征入伍服军官兵役二年后的军人；不作为储备力量，年满十八岁的男性公民可签署士兵、下士、中士和上士军衔。在签订合同兵役前，上述公民仍有服义务兵役和后备兵役的义务；不作为储备力量的年满十九岁的女性公民；其他符合总统法令要求的公民。

符合要求的公民可以自愿服合同兵役，首次签订合同的公民年龄要小于三十五岁。签订士兵和下士、中士、上士军衔为公民年龄要小于四十岁。

符合条件的公民可以自愿服职务为军官的合同兵役，首次签订合同的年龄要小于三十五岁。储备军官可以小于四十岁。

公民进入军事力量和其他军事组织服合同兵役需获得相关官员法令的认可。部队的鉴定委员会决定公民是否符合要求。

出现下列情况军队可拒绝与公民签订合同兵役，如部队未出现与公民所学专业和所学技能或军事专业相符的职位空缺；根据筛选结果，经过部队指挥官确认的部队鉴定委员会关于拒绝签订合同的决议；部队鉴定委员会关于公民不符合规定的决议。

第四节　军事政策

一、军事政策的内容

军事政策是白俄罗斯军事建设和保障军事安全领域政策的组成部分，与国家的军事机构建立直接相关。白俄罗斯的军事政策是国家政策和对外政策的必要和重要因素，致力于保障白俄罗斯的国家安全，预防战争和军事冲突，巩固战略稳定。军事政策需要考虑国家利益，包括军事、政治、社会和外交利益。白俄罗斯的军事政策在2002年1月3日公布的《军事学说》确定了白俄罗斯现行的军事政策。白俄罗斯军事政策包括：不觊觎其他国家的领土，不承认其他国家对本国的领土觊觎；尊重其他国家的政治独立和国家主权，承认其他国家有权在不给他国造成损失的前提下，为维护自身利益解决国家安全问题；支持在互相接受的基础上，通过谈判的形式解决所有国家间的冲突；在国际合约和协议规定的义务框架内，促进欧洲大陆裁军；在国家军事安全受到损害时不进行单边裁军，只有在保障防御能力必需水平的基础上，根据国家的经济能力和客观原因进行裁军。

二、军事政策的目的

白俄罗斯军事政策的基本目的是维护国际和平和安全，预防战争的发生，保障国家安全免受可能的军事威胁。目前白俄罗斯军事政策的任务有：根据经济能力和现有资源，将防御潜力维持在可对抗现存和潜在军事威胁的水平；防止国际和地区大规模的军事冲突；执行其向结盟国家提供军事帮助的国际义务；保障联合国安全理事会、其他国际组织维护国际和平的行动，保障在军事威胁或冲突的最初发展阶段的国际安全。

第五节　军事合作

白俄罗斯进行军事合作的目的是加强与致力于维护国家和国家安全，追求在军事领域平等合作的国家间的相互关系；致力于促进白俄罗斯军事建设和发展计划实现的外部因素的形成。

一、与独联体国家的军事合作

1992年2月14日，在独联体国家首脑会议框架内通过了《关于成立国防部长委员会及确定其章程》的协议，奠定了独联体国家间军事合作发展的基础。

1994年4月15日，独联体成员国首脑确认了新版独联体成员国国防部长会议章程。该章程确定了委员会的功能、机构、成员和活动组织。

国防部长委员会的基本功能是协调成员国的军事合作；研究成员国军事政策和军事建设的相关问题；制定关于实现成员国为预防武装冲突所做努力的提议；制定国防和军事建设方面问题的条约等文件；提议加强在军事建设领域法律条款的统一性；监督委员会工作机构的活动。

1992年7月6日，独联体国家首脑签署了《关于组织独联体国家联合军事总指挥》的协议。1993年9月24日，独联体成员国首脑将总指挥协议变更为协调独联体成员国军事合作指挥部。该指挥部曾是独联体成员国国防部长委员会的常设工作机构。该机构的功能、权力、成员与机构，以及官员的活动与义务由1993年12月24日的国防部长委员会决议确定。2000年6月21日，对《关于协调军事合作》的章程进行修订和增补。

国防部长委员会会议一年举办两次。现今独联体国家重视成员国间的多边军事合作，致力于系统和分阶段解决下列基本任务：

明确保障军事安全和军事合作领域的合作优先；实现关于巩固军事安全的国家条约；完善军事合作的法律基础，提高法律文件得以实施的有效性；发展军事合作的人道方面，制定和执行该领域的合作纲领；协调与区域组织和联合集团的联系与合作；寻找并实现军事合作的新方向。

❧ 二、与俄罗斯的军事合作

白俄罗斯和俄罗斯在保障结盟国军事安全的前提下在军事政治、战争和军事技术领域进行合作。合作的目的是为了维持必要的军事潜力，对军事力量有效的培养，计划和组织预防军事威胁，抵御共同防御空间内侵略的共同措施。两国军事合作的基本领域为：

国防部长委员会会议

国防部长委员会会议每年举行，以商讨两国联合军演的准备和进行方法，两国国防部在保障结盟国军事安全方面采取的共同行动，领空外部界限的共同护卫，共同准备和庆祝军事纪念日。每年俄罗斯的军队都会参加明斯克卫成部队庆祝白俄罗斯独立的检阅。

保障两国地区部队的工作

从2000年开始实行保障两国地区军队的工作，为此进行共同计划军队分组的活动，完善和保障地区军队的指挥和发展统一的军事体系，完善白俄罗斯境内的军事配套设施。两国军事总部每两年进行一次联合军演。每年推行保障地区部队职能的联合行动计划。

军事技术合作

俄罗斯是向白俄罗斯提供军事产品、武器和军事技术储备，以及维护和更新武器装备的主要合作伙伴。

空军和防空军领域的合作。两国在双边和多边的基础上落实达成该合约。合约规定两国可在相互关联的空军与防空军控制点之间自动交换信息；两国可以进行共同战斗准备；两国每年在185个战斗培训中心进行战术演习。

共同的军事科学活动

共同军事科学活动的目的是为国家军事力量的建设提供保障，研制和更新武器装备与军事技术。双方合作制定理论章程，完善法律条文，进行军事历史研究，共同研究双方的档案，出版多卷本的著作。

监督武器装备方面的合作

两国协调国防部关于监督武器的立场，在共同协商会议中商议减少和限制战略进攻武器，进行联合检查，交换侦察信息。

在俄罗斯国防部军事学校培训白俄罗斯军人

1998—2008年，根据《在俄罗斯国防部军事学校培训白俄罗斯军人》的共同纲领，俄罗斯国防部对白俄罗斯军人进行了培训。其间38所俄罗斯大学培养了800多名白俄罗斯军人。现今共有400多名白俄罗斯军人在俄罗斯国防部军事学校学习。此外，俄罗斯国防部的学校也进行针对白俄罗斯军人的职业教育短期培训。

第五章　文化

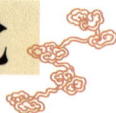

第一节　语言文字

　　白俄罗斯语和俄语同是白俄罗斯官方语言，英语是白俄罗斯主要的外国语，但白俄罗斯各个层次的人会讲英语的比例并不高。白俄罗斯语作为白俄罗斯的官方语言，全球约有一千多万人使用。白俄罗斯语属于印欧语系斯拉夫语族东斯拉夫语支。白俄罗斯语与乌克兰语及俄语是"近亲"，白俄罗斯语源于古俄语，与现代俄语非常相似。加上白俄罗斯语和俄语同属斯拉夫语族东斯拉夫语支，两种语言可以说是大同小异。最早的文献见于13—14世纪，从那时起白俄罗斯语开始从古俄语分化出来。

　　在立陶宛大公国统治时期，白俄罗斯语曾是国家的官方语言。但由于长期受俄罗斯和波兰文化的影响，白俄罗斯语的文字并不统一，既有以拉丁字母按照波兰语拼写的，也有用西里尔字母依照俄语拼写的，还有以阿拉伯字母拼写的。在白俄罗斯历史上具有重要地位的人物弗朗齐斯科·斯科林纳对白俄罗斯语的普及起到了不可估量的作用。他是白俄罗斯和东斯拉夫民族著名的翻译家、作家和出版印刷家。时至今日，"斯科林纳圣经"语体仍然是白俄罗斯、波兰和捷克等东欧国家神学用语的基本语言。斯科林纳印刷的圣经和其他众多的神学书籍奠定了白俄罗斯语书籍在欧洲出版界的地位，同时也传播了白俄罗斯语言文化。

　　到1696年白俄罗斯语被禁止作为官方语言使用。18世纪初，白俄罗斯被俄罗斯吞并，成为俄罗斯的一个省，白俄罗斯语实际上处于俄罗斯地方方言的地位。19世纪产生以大众口语为基础的文学作品，对白俄罗斯语的规范起了重要作用。在俄国十月革命后，白俄罗斯语获得官方地位，统一使用西里尔字母。

白俄罗斯语分西南方言与东北方言，标准语以西南方言的中央次方言（明斯克附近）为基础形成，语法大部分与俄语相似。白俄罗斯语有32个字母，比俄语少1个字母。白俄罗斯语的语音与俄语的不同之处是在字形和造句上保留了很多古俄语的特征。

俄语是俄罗斯人民和白俄罗斯人民共同的语言，千百年来，白俄罗斯人民也为俄语的发展做出了贡献。白俄罗斯要想走向世界，如果只用白俄罗斯语，就会受到很大局限。因此1995年，俄语和白俄罗斯语都被设为白俄罗斯的国语。俄语是白俄罗斯与俄罗斯族共同的语言，白俄罗斯的社会调查显示，80%的人把俄语与白俄罗斯语一样视作母语。1995年全民公决时，83%的白俄公民赞成将俄语和白俄语一同定为官方语言。并且，在白俄罗斯的大多数城市都通用俄语。

❧ 一、白俄罗斯语的历史

白俄罗斯语(以下简称白俄语)与俄语、乌克兰语同属印欧语系斯拉夫语族的东斯拉夫语支。白俄语与俄语是同族近亲，而与立陶宛语差别较大。大约在4世纪，白俄语口语获得了一定的发展，而书面语发展较晚。当时，白俄罗斯公国属于立陶宛大公国，以明斯克地区方言为基础而形成的白俄语成为白俄罗斯的官方语言。白俄罗斯卓越的社会活动家、出版家和启蒙学者弗朗齐斯科·斯科林纳（1490—1541）用古白俄文翻译出版了《圣经》和《赞美诗》。他是最早使用白俄罗斯语进行诗歌创作的诗人，是白俄罗斯印刷事业的奠基人，对白俄罗斯文学语言的发展做出了突破性的历史贡献。

联系古今白俄语，有学者认为，19世纪新生的白俄语似乎没有古代历史语言的基础，而且19世纪以前，白俄语并没有流传千古的文学作品和史书等典籍。因此，可以说，19世纪后的白俄语至今仅有一百多年的历史，是有发展潜力的语言。

可以说，从19世纪初开始，白俄语获得了新生和发展。当时，很多俄罗斯和波兰的学者收集白俄罗斯民歌，编写白俄罗斯民间故事。

特别是波兰学者米科维奇使用波兰语和白俄语写的书，以及1870年俄罗斯科学院伊万·拉索维奇编写的首部俄语-白俄罗斯语词典，都对白俄罗斯语的发展产生了影响。19世纪，白俄罗斯也诞生了著名的诗人和学者，如著名诗人兼剧作家杜宁·马尔奇科维奇等。到20世纪初，著名的白俄罗斯诗人杨卡·库伯拉的作品《献给得勋章的白俄罗斯》等在白俄罗斯享有盛誉。1912年，白俄罗斯古都维列伊卡创办了首家白俄文报纸《我们的田野》。1918年，白俄罗斯诞生的白俄罗斯语语法则是现代白俄语规范的重要依据。

❧ 二、白俄罗斯语的现状

现代白俄罗斯语几经波折，在20世纪60年代，白俄罗斯语曾被城里人讥讽为乡下话。到现在虽然白俄语和俄语同为白俄罗斯官方用语，但实际上从白俄罗斯语的使用范围和地域看，情况不容乐观。在白俄罗斯，能讲纯正白俄语的人数并不多。有俄罗斯学者认为，在地域偏僻的农村，有一部分人能听懂白俄语，但真正能说白俄罗斯语的不会超过农村人口的15%，而且所说白俄罗斯语并不纯正，其中夹有俄语、波兰语和乌克兰语的成分。真正能说、能写白俄语的人约占全国人口的5%。这些人主要是文化层次较高的政府官员、部分教师、记者、语言研究人员以及电视、广播播音员等。能听懂白俄语的人数不少，但能说能写的，不会超过全国人口的7%。

20世纪80年代末和90年代初，苏联各加盟共和国掀起了争取民族独立的浪潮，白俄罗斯人民在要求国家独立时，白俄罗斯语也受到了推崇，复兴民族语言文化运动开始萌芽。1990年，白俄罗斯最高苏维埃通过《白俄罗斯语言法》，规定在科学、艺术、教育机构和国家政权机关中开始逐步使用白俄罗斯语，同时保证白俄罗斯各族居民使用本民族语言的权利。1991年独立后，白俄语被定为国语，政府还通过了发展白俄罗斯语的计划。

卢卡申科当选总统后，对白俄罗斯宪法做了修改，规定白俄罗斯语和俄语同为国语，均为国家官方语言，在主要报刊和电视广播中实行双语制，即同时使用俄语和白俄罗斯语。但在实际生活中，俄语仍占主导地位。电视、广播和报纸杂志主要使用俄语。小学生自一年级起，同时学习这两种语言，但是到了中学和大学，就不再学习白俄罗斯语，教师用俄语授课。在首都明斯克，只有几所学校是用白俄罗斯语教学的，例如明斯克中学。只有少数家长和学生自愿选择以白俄罗斯语教学的学校。总的来说，在白俄罗斯农村，白俄罗斯语比较普及，口语使用得也较多，而在城市，白俄罗斯语则使用较少，人们大多讲俄语。2009年，白俄罗斯广播电台和中国国际广播电台签署协议，在中国国际广播电台《国际在线》开设白俄罗斯语网站。这是白俄罗斯向世界推介白俄罗斯语的重要举措之一。

第二节　文学

所谓"白俄罗斯文学"，显然是用白俄罗斯语言创作并表达白俄罗斯人审美诉求的文学。白俄罗斯文学起源于丰富的民间口头文学和基辅罗斯文学，始于13—14世纪，即白俄罗斯形成时期。

❦ 一、19世纪及之前的文学发展

14世纪白俄罗斯属于立陶宛大公国，白俄罗斯语言成为官方语言。14—16世纪在立陶宛大公统治下，白俄罗斯文学传统开始形成，确定了古白俄罗斯语的地位。16世纪和17世纪，在波兰文化影响下出现了巴洛克诗歌和戏剧。著名的文化活动家弗兰齐斯科·斯科林纳对白俄罗斯文学的发展有重要贡献。1490年出生于波洛茨克的弗朗齐斯科·斯科林纳是白俄罗斯著名的翻译家、作家、人文科学家、社会活动家、医学教育家和出版印刷家。1517年，在布拉格发行了弗朗齐斯科·斯科林纳用古白俄罗斯语翻译的《圣经》和《赞美诗》，这对圣经的传播和白俄罗斯语的普及，以及印刷术的推广起到了不可估量的作用。白俄罗斯文学在17世纪末开始衰落。18世纪末，白俄罗斯并入俄罗斯，古白俄罗斯语逐渐衰败。18世纪后期，白俄罗斯知识分子努力恢复民族语言文学，出现了马尔舍夫斯基的《悲剧》和《被奴役中的自由》等古白俄罗斯语文学作品，但只能以抄本流传，致使许多作品后来失传。

19世纪，白俄罗斯产生了一系列著名作家及著作，如维列尼钦的《帕纳斯山上的塔拉斯》、拉温斯基的《反常的艾涅伊达》、杜林·马尔

钦克维奇的歌剧《萨良卡》等。在19世纪后半期，现实主义文学有了长足的进步和发展，出现了现代白俄罗斯文学奠基人巴库舍维奇。著名诗人巴甫柳克·巴赫里姆也生活在19世纪前半期，他因写诗反对地主，诗集被没收，仅有一首诗流传至今。在卡林诺夫斯基领导的农民起义时期，也出现过不少用白俄罗斯语写的诗歌。白俄罗斯自由主义贵族文学的代表人物是诗人兼剧作家杜宁·马尔青凯维奇，他用现实主义手法描写农民的劳动。他60年代以后的作品揭露和抨击了沙皇官吏的贪污受贿和资产阶级的剥削本性。19世纪后半期，白俄罗斯最杰出的诗人是鲍古舍维奇，他可以说是白俄罗斯现实主义的代表。他的两部代表诗集是《白俄罗斯牧笛》和《白俄罗斯弦音》。19世纪80至90年代的民主主义诗人中，比较著名的还有扬卡·鲁钦纳、阿达姆·古里诺维奇、阿利盖尔德·阿布霍维奇、费利克斯·托普契夫斯基等。简而言之，19世纪是白俄罗斯文学比较繁荣的时期。

二、20世纪后的文学发展

1905年以后，白俄罗斯文学进入短暂繁荣期。十月革命胜利后，白俄罗斯于1919年从德国的占领下获得解放，建立了白俄罗斯苏维埃社会主义共和国，给白俄罗斯社会主义新文学的发展创造了条件，开辟了新前景。诗歌在白俄罗斯新文学中占有一席之地。这个时期也是革命文学的创作高峰期，涌现出大量的革命诗人。白俄罗斯第一个革命女诗人乔特卡就出现在这个时期。她出生于贫农家庭，积极参加革命运动。早期诗集《自由的洗礼》和《白俄罗斯的琴》充满对专制制度的反对。小说《在血染的田地上宣誓》则号召农民进行革命斗争。扬卡·库帕拉和雅库布·柯拉斯也在这一时期创作了比较有影响的诗歌。小说方面的代表作家是兹米特洛克·皮亚杜利亚，他的早期小说真实地再现了白俄罗斯农民的生活和心理。此外，白俄罗斯著名诗人马克西姆·鲍格丹诺维奇创作了小说《音乐家》和诗集《花环》等作品。这个时期还有两位诗人：季什卡·加尔特奈伊和扬卡·茹尔巴，他们的作品也主要表现农民生活。

苏联时期，白俄罗斯作家仍保持着白俄罗斯的文学传统，出现了阿达莫维奇的《游击队员们》《最后一个假期》《我来自热情的乡村》，以及他与格拉宁合作的《围困之书》等作品；尤其是瓦西里贝科夫，他创作了长篇小说《砂石厂》和诸多中篇小说，在苏联时期可以说是独具一格。恰洛特及其长诗《赤脚站在火场上的人》是20世纪20年代反映十月革命和国内战争的第一部重要作品，叙述了白俄罗斯人对俄罗斯革命和内战的观察。老一代作家，如库帕拉、柯拉斯、皮亚杜里亚、加尔特奈伊等也都陆续创作出新的诗歌和小说。20世纪30至40年代，一批新的作家进入白俄罗斯文坛，如布罗夫卡、潘琴柯、唐克、彼斯特拉克、克拉皮瓦等。20世纪50年代，在白俄罗斯小说和诗歌中，十月革命、国内战争和农业集体化仍然是主要创作题材。这一时期白俄罗斯的长篇小说主要有：沙米亚金著的《深流》、梅列日著的《明斯克方向》、雷恩科夫著的《难忘的日子》等，都是很有影响的作品。白俄罗斯出现了年轻一代的作家，他们基本上都参加过卫国战争，他们的诗歌从不同角度对战争有所描述和反映，代表作家有布雷里、阿达莫维奇、贝科夫等。他们的作品代表了白俄罗斯文学的新发展，在全苏联拥有广泛的读者，在文学领域产生了深远的影响。白俄罗斯作家马夫尔是苏联儿童文学的开拓者之一，他的代表作有：《鸟的天堂》《阿郎》《小鲁滨孙历险记》《横行》《黑暗之路》等。作者生前曾获多项世界性的文学大奖。

在白俄罗斯现代文学领域不得不提到一个重量级人物，她就是2015年10月8号获得诺贝尔文学奖的白俄罗斯籍女作家斯维特兰娜·阿列克谢耶维奇，她现居白俄罗斯的明斯克。斯维特兰娜主要用白俄罗斯语进行创作。当时，白俄罗斯总统卢卡申科办公室发布祝贺信称"您的创作，触及的不仅仅是白俄罗斯人的感觉，还是许多国家读者的共同心声"。她的作品描述了苏联时期的严酷生活，也对1994年以来一直领导白俄罗斯的总统卢卡申科持批评态度。1985年出版的俄语小说《战争中没有女性》是她第一部文献性的中篇小说，内容是关于几百位亲历第二次世界大战的白俄罗斯女性的命运。在不到5年的时间里，该部小说发行量达200万册，斯维特兰娜因这部作品被誉为"文献小说的出色大师"。该小说屡获大奖并被搬上话剧舞台。1985年斯维特兰娜出版了小说《最后的见证者》，这部小说描述了第二次世界大战期间白俄罗斯孩子在战争中的见闻，通过口述展现出作为卫国战争前线的白俄罗斯的遭遇。而其另几部力作《锌皮娃娃兵》主要是对参加阿富汗战争的苏联士兵的访谈；《切尔诺贝利的祷告：未来编年史》

记录了核辐射区的灾难；而创作于2013年的《二手时代》记录了社会转型中不同阶层人的生活状态。

历史超过千年的白俄罗斯，拥有自己的文学艺术，拥有不同于俄罗斯的代表性作家、作品、文学史变迁和文学思潮。但无论怎样，解体后获得独立的白俄罗斯新文学正在争议中获得丰富和发展，并且达到了一定的高度，令世界文学界刮目相看。

第三节　艺术

白俄罗斯艺术历史悠久，与俄罗斯艺术密切相关，而且形式多样，水准较高，很多方面在世界艺术领域享有一定的盛誉。白俄罗斯在音乐、绘画、歌舞、戏剧，以及造型艺术领域建树颇多，具有鲜明的民族特色。与其他斯拉夫民族一样，白俄罗斯也是一个盛产艺术家的国家，并且形成了全民热爱艺术的良好氛围。艺术作品成为人们日常生活不可或缺的精神食粮。

❧ 一、音乐

白俄罗斯在音乐方面造诣很深，包括艺术教育，交响乐等，涌现出了一批著名的作曲家和音乐家。作曲家联合会是白俄罗斯比较重要的音乐组织，每年举办各种形式的音乐活动和青年作曲比赛，同时注重保护传统音乐。白俄罗斯著名作曲家有：伊戈尔·卢切诺克、安娜·卡洛吉娜等，他们的交响曲、合唱曲、钢琴曲及管风琴曲等广泛参加白俄罗斯、俄罗斯、德国、英国等多个国家的国际演出及比赛。安娜·比拉耶娃是白俄罗斯国家音乐剧院的女高音，全国声乐比赛的获奖者。白俄罗斯著名的音乐家有：阿拉多夫、吉科茨基、波加德列夫、鲁琴科、奥洛夫尼科夫、瓦戈涅尔、伊万诺夫等。成立于20世纪的白俄罗斯国家广播交响乐团享誉55年，是当之无愧的世界顶级交响乐团。

作为白俄罗斯艺术教育最高水平代表的白俄罗斯国立音乐学院创建于1920年，至今已有90多年的历史。该校历史悠久、师资雄厚，是白俄罗斯文化部直属的一所高等学府，也是白俄罗斯最大的音乐演奏艺术和音乐教学中心。学校在莫吉廖夫、格罗德诺、布列斯特、戈梅利都设有分校。该校十分注重对学生音乐理论、艺术修养和综合文化素质的培养。该校还组织学生参加国内外的各种比赛，开阔学生的艺术视野。

　　白俄罗斯传统上一直重视与俄罗斯、乌克兰及欧洲国家的艺术交流与合作，特别是经常组织高等艺术学校学生和著名音乐家赴欧洲比赛和演出。现在，白俄罗斯对与中国的合作和交流越来越感兴趣。2015年4月15日，白俄罗斯作曲家联合会秘书长、作曲家安娜·卡洛吉娜和白俄罗斯国家音乐剧院女高音歌唱家安娜·比拉耶娃到访中国音乐家协会并开展音乐交流。两国通过多种形式的音乐交流来加深两国音乐家之间的相互了解，彼此间相互借鉴学习，共同促进东西方音乐的融合。

🌸 二、美术

　　在白俄罗斯悠久的历史中，诞生了许多著名的画家。在维捷布斯克这座拥有1 000余年历史的古城中有两名世界级画家：马克·夏加尔和伊里亚·叶菲莫维奇·列宾。马克·夏加尔是现代绘画史上的伟人，他于1887年出生于维捷布斯克，在此度过了16年的光阴。后来旅居美国和法国，但他的家乡永远是他创作的灵感来源。为了纪念他，维捷布斯克艺术中心以其名字命名，中心收藏了他的手稿，他的故居也成为游客参观的景点。他的出生日期7月7日被定为白俄罗斯最重要的国际文化艺术节"斯拉夫巴扎"的开幕日。他的画作呈现出梦幻、象征性的手法与色彩，属于"超现实派"。

　　另一位享誉世界的绘画大师是伊里亚·叶菲莫维奇·列宾。他是19世纪后期伟大的俄国批判现实主义画家。他的作品《宣传者的被捕》《拒绝忏悔》《意外归来》都是以革命为题材创作的。他创造了很多历史画作，如《1581年11月16日的伊凡雷帝和被他杀死的儿子》《索菲亚公主》《扎波罗什人给土耳其苏丹复信》等。列宾的庄园"兹德拉夫涅沃"位于维捷布斯克近郊。列宾在这里生活了8年，这里的美景成为他创作灵感的来源。他在这里创作了很多以家人和当地农民为主人公的油画。列宾在充分观察和深刻理解生活的基础上，创作了大量的历史画、肖像画，他的画作展现了当时俄罗斯社会生活的方方面面。至今，在维捷布斯克自由广场上还耸立着建于14世纪的艺术博物馆，馆内珍藏着列宾的画作。

在当代白俄罗斯绘画艺术中，很多作品反映的是战争。米哈依尔·安德烈耶维奇·萨维茨基是当代卓有成绩的画家。他是"苏联人民艺术家"，也是苏联艺术研究院院士，他的作品主要表现的是卫国战争和白俄罗斯人民。1973年，凭借组画《英雄的白俄罗斯》《游击队的圣母》(1967年)、《威帖布斯克大门》(1969年)、《田野上》（1971年）和壁画《卫国战争·1944》荣获苏联国家金奖。

除了具有世界影响力的画家，白俄罗斯美术教育蜚声国际，美术收藏也是极其丰富。白俄罗斯国立艺术学院位于白俄罗斯首都明斯克，建于1945年，是一所培养了众多国际级艺术大师的学校，有戏剧系和美术系，设有油画、版画、雕塑、戏剧、表演、设计等专业。该学院在国际上享有盛誉，为世界各国培养和输送了大量优秀的美术人才。

白俄罗斯有125个博物馆，展品达200万件之多。其中白俄罗斯民族艺术博物馆、白俄罗斯历史文化民族博物馆、维特科夫民间创作博物馆、马斯连尼科夫莫吉廖夫州艺术博物馆、抢救艺术珍品博物馆（布列斯特市）等都达到了欧洲水准。白俄罗斯国家美术馆藏品丰富，是白俄罗斯造型艺术品收藏量最大的博物馆，其藏品规模在独联体国家中名列前茅。在白俄罗斯明斯克、维捷布斯克、莫吉廖夫等博物馆收藏了卫国战争前的白俄罗斯圣像、16—18世纪的木雕、十月革命前的画作及部分苏联艺术家的作品。第二次世界大战时，国家美术馆被炸毁，大部分馆藏艺术品也失散，至今下落不明。第二次世界大战后，国家美术馆重建。目前展出和库存艺术品，包括白俄罗斯、俄罗斯及其他国家艺术家在绘画、雕塑、实用装饰等方面的作品，共25 000余件。此外，白俄罗斯的造型艺术也享有很高声誉。白俄罗斯雕塑家所创作的纪念雕塑作品《哈德尼》《布列斯特英雄堡垒》《突围》，以及其他各纪念碑，都成为经典作品，吸引了各国游客。

❀ 三、舞蹈

白俄罗斯专业芭蕾舞享有世界盛誉，在白俄罗斯文化艺术中占据重要地位。在明斯克的国家大剧院和歌舞剧院经常上演世界著名的经典芭蕾舞作品，如柴可夫斯基的《天鹅湖》《胡桃夹子》《睡美人》，哈恰图良的《斯巴达克》，普罗科费耶夫的《罗密欧与朱丽叶》，以及姆吉瓦尼亚的《罗戈涅达》等。

白俄罗斯的舞蹈艺术丰富多彩，歌舞团体众多。白俄罗斯国家"哈罗什卡"舞蹈团的创作融合了民族传统和现代芭蕾的成就受到世界许多国家观众的喜爱。白俄罗斯国家歌舞团最为权威和著名，它于1990年8月在白俄罗斯首都明斯克成立。白俄罗斯国家歌舞团的演员都毕业于俄罗斯国家顶级艺术院校，他们的技艺高超，表演的舞蹈节目风格迥异，充满异域风情。该歌舞团经常出访世界各国，参加国际比赛和交流演出活动，也曾到访过中国，并在嘉峪关演出，引起极大轰动。

此外，白露歌舞团也代表了白俄罗斯舞蹈艺术的一定水准。它成立于1987年，位于格罗德诺市，歌舞团创始人是白俄罗斯功勋文化人士什托波。这支歌舞团的演员不单单来自白俄罗斯，还邀请了来自俄罗斯、乌克兰、爱沙尼亚等国家的优秀芭蕾舞演员、音乐家和歌唱家。白露歌舞团虽然不是民族歌舞团，但非常珍爱民族传统。他们的舞蹈风格独一无二，给观众带来耳目一新的感觉。白俄罗斯国家文艺表演团体还有诸如"别斯尼亚雷""夏勃雷"等表演团体，以及"库巴林卡"民歌表演团等艺术团体。

❖ 四、戏剧和电影艺术

白俄罗斯戏剧历史悠久，《巴甫林卡》《轨道上的列沃尼哈》《永生之门》《沼泽上的人》等经典剧目经常登上戏剧舞台。歌剧爱好者也能聆听到《阿伊达》《蝴蝶夫人》《伊戈尔公爵》等作品。白俄罗斯当代著名的剧作家有：杜达耶夫、科瓦列夫、布特罗梅耶夫、玛斯连尼科娃、波罗维科娃、杰连吉克、波波娃等，他们的作品多次登上舞台，并获得巨大成功。

白俄罗斯电影艺术是国家文化生活中的相对独立、富有特色的一部分。白俄罗斯电影《植物园》《省府之花》《"政治局"合作社》，动画片《三个橘子》《古树》等是白俄罗斯电影艺术的优秀代表作品。新闻纪录片导演日丹诺夫斯基、采斯留克和鲁克扬奇科夫的作品也非常具有特色和时代感。近些年，白俄罗斯电影界与国外开展了广泛的合作。例如，白俄罗斯与法国电影工作者合拍的电影《我是伊万，你是阿勃拉姆》在第18届莫斯科国际电影节上获奖。

白俄罗斯也经常举行各种艺术节，吸引了来自世界各地的艺术爱好者。如国际"斯拉夫市场"艺术节为各民族和国际开展文化的合作提供了良好的契机。

第六章　社会

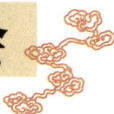

第一节　人口与民族

白俄罗斯是个多民族国家，境内共有100多个民族，其中白俄罗斯族占总人口的83.7%；俄罗斯族是白俄罗斯国内第二大民族，占总人口的8.3%，遍布白俄罗斯全国各州，主要分布在东部和中部；波兰族是白俄罗斯的第三大民族，分布在与波兰接壤的布列斯特州和格罗德诺州，占总人口的3.1%。1995年后，白俄罗斯语和俄罗斯语被定为官方语言。白俄罗斯宪法并未明确规定国教，大多数人信仰东正教，其次则为天主教。

白俄罗斯人为东斯拉夫人的一支，是一个古老的民族。公元前7世纪—公元前4世纪，斯拉夫人进入白俄罗斯。克里维奇部落、德列戈维奇部落和拉季米奇部落组成的东斯拉夫部落联盟被认为是白俄罗斯人的祖先。882年，白俄罗斯被并入基辅罗斯。11世纪末—12世纪初，基辅罗斯分裂，波洛茨克公国、明斯克公国、扎斯拉夫尔公国等获得独立。14世纪初，立陶宛大公国崛起。14—16世纪，白俄罗斯归属立陶宛大公国。由于立陶宛大公国统治较宽松，白俄罗斯民族及其民族语言和文化逐步形成并得到发展。

根据历史资料记载，白俄罗斯的"白"有多重释义。一种认为"白"代表这是一片自由、独立、美丽和富裕的地方；第二种解释是过去这里绝大多数居民爱穿漂白的亚麻布衣服，喜欢用白布绑腿；第三种解释是"白"象征着纯洁、善良和快乐。

　　截至2014年4月1日，白俄罗斯全国总人口为946.81万人。其中男性为440.1万人，女性为506.7万人；城镇人口占76.8%，乡村人口占23.2%；劳动力人口占448.7万人，约占47.4%。2016年人口统计的人数有所上升，达到951万。人口平均寿命为72.6岁，城市居民所占比例为76.8%，首都明斯克居民人数为192.18万人。白俄罗斯人口出生率一直比较低，政府鼓励人们多生孩子，比如给予现金或房子的奖励。此外，每个小孩子从出生到3岁，白俄罗斯政府每个月大约给予200美元的生活补贴，白俄罗斯妇女更有长达三年的带薪产假。

第二节　宗教

　　白俄罗斯是个多宗教的国家，虽然宪法没有明确规定，但主要宗教是东正教，70%以上的居民信奉东正教，西北部的一些居民信奉罗马天主教及东正教与天主教的合并教派。苏联解体后，宗教价值观和行为方式在白俄罗斯取代了无神论世界观，成为一种主要信仰方式。根据2002年白俄罗斯的一份调查资料显示，有近九成受访者表示有宗教信仰。另据白俄罗斯宗教与民族事务委员会的材料表明，白俄罗斯东正教会是白俄罗斯最大和最有影响的教派，他们在白俄罗斯有上千座教堂与国外教会开展广泛的学术交流。东正教教会在恢复和兴建教堂、培养神职人员、出版刊物、扶危济困、助老助残、培养青年的爱国主义精神等方面做了大量工作。天主教教会是白俄罗斯第二大教派，教堂数和团体数约为东正教会的三分之一。

　　在白俄罗斯的上千座教堂中，有一些是历史悠久，很有名气的教堂。位于波洛茨克市的索菲亚教堂是白俄罗斯作为一个独立国家起源的标志。16—19世纪，人们在作为明斯克的行政、贸易和文化中心的上城广场上举行宗教仪式和节日庆典。至今在明斯克的上城仍保存有两座教堂，均为明斯克的主要教堂。其中一座是东正教圣灵主教堂，建于1642—1687年，是一座哥特式建筑，装饰部分是典型的巴洛克风格，具有动感的建筑轮廓线、对比强烈的装饰。教堂位于明斯克的制高点，是城市的标志性景观之一。明斯克圣母像是教堂的第一圣物，在988年，基辅罗斯弗拉基米尔大公曾亲手捧过这尊圣像。在此后的

500余年中，圣像便一直供奉在位于基辅的古罗斯的第一座石质教堂
——什一教堂中。到15世纪时，鞑靼人攻入基辅，将圣像丢入第聂伯
河中。但是圣像奇迹般地浮上水面，并顺流而下飘到了明斯克。圣灵
主教堂从建立起至今经历了风风雨雨，特别是十月革命后，多次被改
用做其他用途，后又惨遭拆除的命运。终于在1943年，教堂得以恢
复。1947年，教堂顶上重新被安上了十字架。

　　另一座是天主教圣母马利亚主教堂，位于明斯克自由广场，作为
耶稣会修道院，建于1700—1710年。1722年，罗马教皇向明斯克耶稣
会教堂移交了城市保护神——圣菲利基昂的圣骨，这是对白俄罗斯信
徒最高善意的表现。在罗马的耶稣教会，至今还保留着圣马利亚教堂
的建筑设计图。在很长一段时间里，修道院有一所附属耶稣教会的学
校，其教育体系和质量达到了当时欧洲的最高水准。遗憾的是，原建
筑未能保留下来。

　　此外，在明斯克保留至今最古老的宗教建筑是彼得保罗大教堂。
该教堂是德鲁茨卡娅·高尔茨卡娅女大公出资于1611—1613年间建成
的。教堂在建成之初，不仅是宗教场所，还具有防御功能。在长达两
个世纪的时间里，彼得保罗教堂一直是当时天主教占主导地位的明斯
克的唯一一座东正教堂。教堂在18世纪下半叶遭受火灾，受到严重损
坏。1793—1795年，叶卡捷琳娜女皇对教堂重新进行了修缮。之后，
该教堂获得了明斯克东正教主教堂的地位。4年以后，主教堂的位置
由圣灵堂取代。1933年，教堂被关闭。20世纪70年代，政府对教堂进
行了修缮维护，并于1991年将教堂归还给教会。

　　在白俄罗斯还保留有很多教堂，其中比较著名的有建于12世纪的
维捷布斯克市千年广场上的感恩大教堂。

第三节　风俗

　　白俄罗斯民俗文化最早产生于基辅罗斯时期，那时的白俄罗斯民
俗文化具有俄罗斯、乌克兰、波兰等欧洲各国文化的共同特征，但在
14—16世纪白俄罗斯民俗形成了自己的特点，主要表现在衣食住行、
文化娱乐等各个方面。

❀ 一、节日

　　白俄罗斯的节日包括：新年（1月1日）；圣诞节（东正教，1月7日）；妇女节（3月8日）；东正教复活节（4月8日）；万灵节（东正教复活节后的第九天）；劳动节（5月1日）；卫国战争胜利纪念日（5月9日）；十月革命纪念日（11月7日）；圣诞节（天主教，12月25日）。

　　还有一些本国的节日，主要有：祖国保卫者和武装力量日（2月23日）；宪法日（3月15日）；民族统一日（4月2日）；国旗、国徽日（5月的第二个周日）；卫国战争死难者纪念日（6月22日）；独立日（国庆节，7月3日）等。

　　谢肉节和沐浴节也是白俄罗斯庆祝的节日。谢肉节在每年的2月末至3月初，是俄罗斯一个古老的节日。在14世纪之前，俄罗斯人的祖先们是在3月份庆祝新年，在2月末庆祝谢肉节。过谢肉节的风俗在白俄罗斯一直保留至今。谢肉节一般持续一周，每一天都有一个名字。星期一称作"迎接"，因为在这一天开始迎接节日，妇女们一早即开始烤制象征春天的面饼。成年人走上街头，唱起歌，跳起舞，用铜铃和彩带将树木装饰起来，然后欢送象征冬天的草人，给草人穿上女人的裙子，用十匹或更多的马拉着涂彩的雪橇，载着草人远去。每匹马上都骑着一位骑士，骑士手举一把扫帚，以示驱除寒冷。星期二称作"游戏"，因为这一天开始谢肉节的游戏。星期三称作"美食者"，星期四称作"狂欢"，在这些天，孩子们筑起雪城堡，玩"打仗"的游戏。人们还在坡道上滑雪橇，与冬日告别。星期五和星期六是出门做客、探亲访友的日子，在每家的餐桌上都会有面饼。星期日称作"告别"，在这一天，人们与谢肉节告别，与冬天告别，然后将草人点燃，期望旧的一切都将随冬日而去。

　　每年6月6日晚上是沐浴节，它是与宗教无关的节日。节日期间，年轻的姑娘们采集各种鲜花并把它们投入河水中，预示着一年的好运气。

❀ 二、礼仪习俗

（一）白俄罗斯礼仪

白俄罗斯人性格豪爽直率，喜欢坦诚，通情达理，善于与外界沟通交流，推崇礼尚往来。白俄罗斯人受教育程度和综合素质很高，非常重视礼貌待客，文明用语时常挂在嘴边。

女士在白俄罗斯普遍受到尊重，有"女士优先"的优良传统，男士习惯在各个场合照顾优待女士，全社会形成了尊重女士的道德风尚。在问候时，男士应先向女士问候；女士走入客厅时，男士应站起来表示礼貌，相反，男士进入时，女士可以不用站起来，但必须面向来人，以示礼貌。向女士介绍别人时，要先征求女士同意，而且要把女士先介绍给男士；与陌生女士相见，男士不要主动握手，更不能表现过分亲昵。除非对方主动跟你握手，可以说几句赞美女士的话，以得到对方的好感。在非正式场合相识时，年轻男女要说出自己的名字，成年男女要说出自己的名字和父称。在公共场合，无论是乘坐交通工具，还是进商场等，男士要礼让女士先行，并为其开门；和女士一同乘车，在下车时要为女士开门，并扶着女士下车；出门时男士要帮助女士穿外衣，并为其开门。在影剧院，男士要帮女士先找好座位坐好，自己再坐下。请女士跳舞后，要将其送回座位，并表示感谢。吸烟时如果旁边有女士，应征得女士同意。总之，在白俄罗斯女士地位很高，女士处处能感受到男士的绅士风度与照顾。

此外，白俄罗斯待客之道也很讲究。白俄罗斯人在社交场合与客人相见时，大多行握手礼，认为使用左手是不礼貌的举止，握手时要脱下手套，禁忌隔着门槛握手；白俄罗斯人与亲朋好友间的相见，一般施亲吻礼。特别好的朋友相见，会拥抱和亲吻，一般是先拥抱后互相亲吻脸颊三次，先右再左再右。晚辈应向长辈问候，长辈对晚辈一般吻额以示亲切；朋友之间，一般都吻脸颊；男子对尊敬的女士，多施吻手礼；夫妇或情侣之间施吻唇礼。

应邀做客时，进屋后应脱衣、帽，先向女主人问好，再向男主人和其他人问好。迎接客人的仪式有一定规矩，重要的客人由主人在过道迎接，一般的客人由主人在房间里等待。此外，在家门口迎宾的一般是家里地位最低的人，在门廊迎宾的则是一家之主。在白俄罗斯，主客双方一般都要发表感言，内容大约是为合作、友谊和家庭等祝福。如果只简单地说"干杯""合作愉快"等会被认为是不礼貌的。一般午宴在13时至15时之间，晚宴一般从19时开始，持续2~3个小时。

会客时宾主座次也有讲究，最尊贵的座位在家里圣像的下面，主人坐在贵宾的右手。告别时，客人要先向圣像祈祷，然后与主人行吻礼，视客人的尊贵程度，主人将客人送至房间门口或送至屋外。

（二）白俄罗斯习俗

白俄罗斯在社会习俗方面也有一定的嗜好和忌讳。白俄罗斯人忌讳数字"13"，认为"13"是个"不吉利数"，会给人以大祸临头的感觉或给人带来灾难。认为"7"是个吉利的数字，他们无论做什么事情，总喜欢同"7"这个数字打交道。从色彩来看，白俄罗斯对于白色很崇拜，认为白色纯真和洁净；喜爱红色，认为红色象征着勇敢，并会给人鼓舞；忌讳黑色，尤其见到黑猫，更会使他们感到沮丧；他们一般不爱吃蘑菇和茄子；忌讳黄色蔷薇花，认为这是一种令人沮丧的花，忌讳用其送礼，认为是断绝友谊的象征。白俄罗斯人对盐十分崇拜，认为盐能驱邪除灾，对把盐碰撒非常忌讳，认为是不祥的预兆。按古老习俗，白俄罗斯人喜欢用面包和盐招待客人。

❖ 三、服饰和饮食

（一）服饰

白俄罗斯传统服饰最初受到基辅罗斯时期服饰风格的影响，之后主要受波兰、立陶宛、拉脱维亚、俄罗斯等其他欧洲国家的影响。白俄罗斯人喜欢穿着具有鲜明民族特色的服装：男子穿白色亚麻布绣花衬衫，系彩色腰带，外套坎肩，下穿白色灯笼裤，扎白色裹腿，脚蹬皮靴，头戴毡帽、皮帽或草帽；妇女的传统民族服装比较艳丽，十分具有特色，上衣喜欢穿白色绣花衬衣，下穿白色长裙，腰系毛织小花围裙，再搭配上五彩绒线编织成的腰带，头上戴花头巾，脚穿皮靴或皮鞋。

（二）饮食

在饮食方面，白俄罗斯的民间饮食品种丰富多样，其主食是面包和土豆。白俄罗斯人以土豆为主食之一，土豆的做法精彩纷呈，仅用土豆就能做出一百多道菜，有煮土豆、炸土豆片、煎土豆、烤土豆、土豆汤、土豆泥等，甚至在早餐煎鸡蛋时也不忘放上两块土豆，用黑麦糊、面粉和土豆做成的土豆薄饼更是他们的传统食品。在白俄罗斯的城市里除了常见的咖啡店、餐厅外，还有一种专门商店"布里巴尼"，即土豆店，可以看出白俄罗斯人是多么钟爱土豆。

白俄罗斯的美食有着悠久的历史，并且吸收了英法菜系的精华，烧烤系列比较诱人。白俄罗斯人是很讲究饮食的，菜肴品种很多，鱼子酱、罗宋汤，以及传统的小煎饼，都是非常具有民族特色的美食。这里的小菜一般是鱼子酱还有小餐包，鱼子酱的种类很多，既有鲑鱼子，也有黑鱼子、鲟鱼子等品种，而小餐包是一种香肠，外面的肠衣是非常脆的，里面的肉馅是香嫩的，一般是作为冷盘或者是夹在面包里面吃。白俄罗斯的冬季气候寒冷，因此该国主要以各种肉类为主。传统的各种口味的俄式松饼和俄式煎饼有多种造型。白俄罗斯人喜欢酸奶、奶渣和干酪。汤也是每顿饭必不可少的，像凉杂拌甜汤和白菜汤几乎每天都离不开，喝的时候还会在上面淋上酸奶油。传统饮料有格瓦斯（用黑面包发酵而成）和桦树嫩芽做的烧酒，也喝伏特加和加糖的红茶。他们平时以俄式饮食为主，爱吃黑面包，惯于用刀叉作餐具。他们对中国的饭菜也非常喜欢，认为中国的菜肴独具特色、味美适口。

第四节　　教育

白俄罗斯曾是苏联时期的教育基地之一，也是苏联时期科技、文化和教育的中心。苏联的科技人才曾占了全世界的四分之一，而白俄罗斯的科技人才又占了苏联的四分之一。白俄罗斯的航空、航天和新材料科学居世界领先地位，其实用发明和专利也占了苏联的40%。白俄罗斯国立大学的世界排名为第47位，在生物和应用数学方面排在世界前列。

✿ 一、教育概况

　　白俄罗斯现行教育法为1991年10月29日颁布的《白俄罗斯共和国教育法》，这曾是苏联各加盟共和国的第一部教育法。这部教育法包括白俄罗斯学前教育、普通中学教育、职业技术教育、高等教育等九个方面。2002年3月19日颁布了《白俄罗斯共和国教育法修正案》。普通学校实行十一年制（从1998年起向十二年制过渡）免费义务教育，高等院校学制4~5年，分免费和缴费两种形式。2001年，教育经费占国家预算支出的5.9%。在白俄罗斯约有10 000所教育机构，各类学生有200多万，有4 098所学前教育机构（在校儿童约38.4万人），3 395所普通中等教育机构（在校生约93.13万人），231所中等专业学校（在校生约13.84万人），202所高职院校、53所高等院校（在校生约39.53万人）。目前教育领域工作人员共有44.5万人，其中在高等院校工作的教职工有2.45万人。

　　白俄罗斯拥有发达的教育体系，该体系确保白俄罗斯在当今世界可以有效地培育各领域的专业人才。白俄罗斯是世界上人口受教育水平最高的国家之一，成人受教育水平为99.7%，年轻人为99.8%。白俄罗斯在成年人受教育水平方面领先于独联体其他国家。白俄罗斯不仅拥有高水平的教育、专业齐全的学校，而且还保证免费教育，并保证白俄罗斯所有公民都接受教育。白俄罗斯确保中等教育免费、保持高等教育在竞争基础上的免费。国家特别重视和保障城市和农村青年享有受各类教育的平等机会。白俄罗斯拥有较高的人文综合指数。实际上，白俄罗斯高等学校已经大众化。白俄罗斯高等院校的教师队伍有很强的教学和科研能力，而且教学环境和设施比较先进，因此劳动力素质较高。

　　目前，各种形式的教育覆盖全国三分之一的居民，而且这类教育机构的数量正在与人口、公民个人利益以及市场劳动力实现最佳优化组合。白俄罗斯建立了教育机构的有效质量控制和评估活动的系统，这其中包括发放许可证、考核以及委任程序。目前，白俄罗斯大部分教育机构为国家所有，同时也存在大量私人教育机构。

❧ 二、高等教育发展概况

苏联解体后，白俄罗斯的教育事业并没有受到太多影响。近年来，教育事业在不断发展。白俄罗斯独立后，依然大力发展高等教育，不断深化高等教育体制改革，这对其高等教育的发展产生了深远的影响。白俄罗斯高等学校在一些领域，诸如尖端科技领域占有一席之地。在艺术、体育、医学等方面也有自己的特色和风格，并在世界占有一定地位。白俄罗斯高等院校科研能力很强。著名的大学有：白俄罗斯国立大学、白俄罗斯国立技术大学，白俄罗斯国立师范大学、白俄罗斯国立经济大学、白俄罗斯国立农业大学、明斯克国立语言大学等多所高校。

白俄罗斯高等教育体系完备，主要囊括本科、硕士、副博士和博士教育。白俄罗斯教育部对高校及其专业设置执行非常严格的准入制度。而且国家还专门设有监测评估教学质量的机构，即全国教育质量评估委员会，由其对所有高校进行每五年一次的资格认定和质量体系评估。同时，白俄罗斯加速使教育融入欧洲体系，旨在使白俄罗斯高等教育与世界先进国家接轨。

以白俄罗斯国立大学为例，该大学历史悠久，是一所综合型大学，创建于1921年，学校位于白俄罗斯首都明斯克，现为白俄罗斯最高学府及重要的科学研究中心，是白俄罗斯乃至整个独联体国家中享有盛名的高等教育机构。该大学设物理系、半导体物理和电子系、机械数学系语言系、法学系、历史系、哲学经济系、新闻系、国际关系系、预科系等20多个主要院系，180多个教研室，30多个研究中心。拥有7 000多名教职员工，其中教师2 500多名，科研工作人员618名，其中有博士学位的近300名，白俄罗斯科学院院士6名，通信院士7名。白俄罗斯国立大学也设立有孔子学院，每年该校孔子学院都会定期举行活动，届时会有各国的学生参与。

白俄罗斯高等院校大多没有特别开阔的校园，但学校一般拥有露天体育场、综合体育馆、音乐厅、会议厅等基础设施，学生可以在课余时间参加各种校园活动。此外，白俄罗斯国立技术大学是白俄罗斯工程技术人才的重要培养基地。

1991年独立后，白俄罗斯政府高度重视发展科学技术，视科技为国家政治、经济社会发展的重要生产力。近年来，政府大量投入资金和人力、物力资源，除确保传统科技优势外，还注重研发世界前沿技术。正是由于有利的内外环境和国家良好的管理机制，白俄罗斯各高校培育了大量优秀学生，同时很多高校也在世界享有盛誉。

❀ 三、教育领域的对外合作

近年来，白俄罗斯高等学校加强对外联系，积极开展对外合作。据悉，已同90多所国外高校建立了联系。以中国为例，近年来与中国各高校合作日益增多，合作层次不断加深。

近年来，随着中国经济的飞速发展，中白两国关系更加紧密，教育领域的交流合作进一步深化。2000年中白两国签署了相互承认学位证书的协议。目前，有2 000多名中国留学生在白俄罗斯各大学学习。

2013年7月，中白建立全面战略伙伴关系，标志着两国关系发展到了新的水平。2014年1月，白俄罗斯总理米亚斯尼科维奇访华期间，同中国领导人共同宣布实施《中白全面战略伙伴关系发展规划（2014—2018）》，其中就包括在教育领域中的合作。特别是，随着中白两国民间文化、教育领域的合作日益增多，在白俄罗斯出现了一股“汉语热”，人们对汉语学习的热情不断上升。中方于2016年7月邀请100名白俄罗斯学生来华进行短期汉语学习，体验中华文化、了解中国历史。未来，双方应重点提升教育合作质量与水平，进一步推动两国在合作办学、学生交换、语言教学等领域的高水平务实合作。

在2015年中白两国元首会晤时，双方签订了教育合作协议，中白两国合作协议的内容和项目在2016年展开。双方强调，双方将在文化交流框架下开展“文化日”“电影节”及其他文化交流活动。双方支持研究和宣传彼此的文化和习俗，为深化双边合作和实施合作项目创造条件，支持在白俄罗斯设立中国文化中心，鼓励开展汉学研究，双方共同寻找新的合作方向、有前景的共同项目以及落实项目的新模式和新形式。在白俄罗斯建立丝绸之路研究院、中白发展分析中心等教育机构，向白俄罗斯和相邻国家的国家机关代表教授与中国开展项目合作的方法和技术。中方继续为白俄罗斯优秀留学生提供中国政府奖学金，支持在白俄罗斯扩大汉语教学规模，完善孔子学院活动，包括支持白俄罗斯国立技术大学的世界首家科技孔子学院的发展。2016年

5月，中国-白俄罗斯大学校长论坛在广东外语外贸大学举办。出席论坛的有来自白俄罗斯8所高校、中国国内11所高校的代表。白俄罗斯教育部第一副部长博古什在发言中强调了中白两国合作的悠久历史，对两国的合作成果表示肯定，他认为，中白两国高校间的合作不仅要涉及多个层面，更要注重向科研领域的扩展，应加大力度发展创新项目和培养高水平的人才。

第五节　科技

作为苏联的一个加盟共和国，白俄罗斯继承了苏联的部分科学遗产，如白俄罗斯科学院具有比较完整的组织和学术体系，拥有70多家研究所和一大批高素质的科学家，其中传热传质研究所和物理研究所举世闻名。白俄罗斯在微电子、激光和光电技术、机械制造、农业生物技术等领域占有明显优势，在技术领域处于国际先进水平。近年来，白俄罗斯科技工作重点是在国家整体科技创新体系框架内加快推进创新计划，制定各种政策法规。

2015年4月22日，白俄罗斯总统卢卡申科颁布命令，公布了《白俄罗斯科技活动优先发展方向2016—2020》。命令中称，为保障白俄罗斯国家科技资源的有效整合和优化，颁布2016—2020年白俄罗斯科技活动优先发展方向，共涉及9个优先发展的科技领域：能源、能源高效利用及核能能源安全和节能；农业机械化技术和生产；工业和建筑技术及生产；医学、制药和医用技术；化学技术及石化；纳米技术；信息通信及航空航天技术；自然合理利用及自然资源深加工；国家安全、防御能力及紧急状态防护。白俄罗斯总统卢卡申科在2017年12月13日表示，白俄罗斯即将出台《2018—2040年科技发展战略》，以促进本国知识经济的发展，其目的是将来要发展本国的知识经济，其中包括实现经济端到端的数字化、国家大力发展信息技术（IT）产业、提高新兴工业综合体应对第四次工业革命挑战的能力并建设高度智能化社会等四个方面。

白俄罗斯是一个具有巨大科技实力和发展潜力的国家。白俄罗斯政府和科技界对开展中白两国科技合作态度非常积极。中白两国在优势技术领域中有互补性，这为两国合作奠定了基础。近年来，两国在科技的很多领域进行了项目对接，高新技术落户中国各省。双方定期在两国举行科技日、互相邀请参加专业展会、建立新的合作中心，并完善交流机制。中白两国签署了政府间科学技术合作协定、关于成立中白高科技合作委员会协议、关于创新领域合作谅解备忘录、白俄罗斯国家科学院和中国科学院关于发展科技合作规划及白俄罗斯教育部和中国国家外国专家局关于人才培训、进修和再培训等。

第六节　卫生和体育

❦ 一、卫生

白俄罗斯2014年人均卫生总支出为1 031美元，卫生总支出占国内生产总值的百分比为5.7%。居民平均拥有医生数在世界上名列前茅，境内有医疗机构和卫生防疫机构5万余个，拥有医院700多家。白俄罗斯的大部分医院对辖区内居民实行定期体检。各医院医疗设备齐全、先进。苏联时期实行的全民免费医疗制度被白俄罗斯继承了下来。

❦ 二、体育

白俄罗斯的第一运动是足球，第二运动是冰球，第三运动是网球，白俄罗斯在田径项目上也颇有实力，多次在奥运会中摘金夺银，此外，深受"体操王国"俄罗斯的影响，白俄的体操运动员也颇有实力。划艇等水上项目和举重也是白俄罗斯的优势项目。冬季项目上，冬季两项和自由式滑雪是其优势项目。白俄罗斯的体育体系从当年苏联的模式中逐渐走出，以足球、冰球、网球这三大项为龙头，很好地融入了世界职业体坛的大家庭。

白俄罗斯国立体育大学创建于1937年，是白俄罗斯在培养体育、运动和旅游人才领域最为优秀的一所国立大学。学校下设体育教学系、保健体育与旅游系、学前教育系、旅游学院、技能提高与继续教育学院、教育教学中心、教练培养中心等。白俄罗斯国立体育大学现有800多名教师，其中有14名博士，102名副博士，11名教授，81名副教授，40名名誉教练。白俄罗斯国立体育大学师资力量雄厚，近年来，在世界大赛和欧洲赛中获得冠军的学生人数达160多人次，成为白俄罗斯共和国体育人才的重要培养基地。

白俄罗斯运动员对本国和世界体育事业做出的巨大贡献是有目共睹的。在国际大赛中，白俄罗斯运动员在具有传统优势的田径、体操、摔跤、举重、乒乓等项目上都曾取得优异成绩。该国运动员积极参加奥运会、世界锦标赛、欧洲锦标赛、世界杯和欧洲杯等各类国际重大比赛。2017年5月19日，国际冰球联合会当天以55票赞成，52票反对，通过了拉脱维亚首都里加和白罗斯首都明斯克共同主办2021年世界冰球锦标赛的决定。这两座城市是在击败了芬兰坦佩雷市和赫尔辛基市后获得这一赛事主办权的。锦标赛预计在2021年5月7日至23日举办。

第七章 外交

第一节　对外政策

　　白俄罗斯共和国独立后不仅作为苏联解体后出现的新的主权国家登上国际舞台，而且也作为有着悠久国家观念的传统的欧洲国家进入国际舞台。

一、对外政策的原则与任务

　　1991 年 9 月 19 日，白俄罗斯苏维埃社会主义共和国正式更名为白俄罗斯共和国，开始实行独立的外交政策。

　　白俄罗斯的独立外交方针的形成较为复杂。由于国际社会在地缘政治、经济、社会和其他领域都经历着转变，随着客观条件的发展，白俄罗斯共和国独立后在不损害自己国家权力的前提下与外部世界开始建立联系，并开始坚定有效地推进和维护对外政治目的，争取话语优先权。

　　现阶段白俄罗斯与世界上 174 个国家保持外交关系，在 56 个国家设置驻外机构。2014 年，白俄罗斯在澳大利亚、卡塔尔、蒙古、巴基斯坦、厄瓜多尔设立了使馆，在意大利的米兰设立了总领事馆。

　　2005 年 11 月 14 日，白俄罗斯出台《关于确定白俄罗斯共和国对内和对外政策》的法律，明确其对外政策的战略意义是要维护白俄罗斯国家主权和领土完整，维护白俄罗斯公民的权利和自由，维护社会与国家利益。同时规定了对外政策的原则、目的和任务。对外政策的原则如下：

白俄罗斯的外交政策首先是保障国家安全和维护国家利益免受任何外部挑战和威胁，促进国家政治、经济、文化的稳定发展，保障提高公民福利所需的有利条件。

白俄罗斯平等参与世界政治、经济、文化的发展是其外交政策的重要前提。保障白俄罗斯公民在国外的权利和自由，维护海外白俄罗斯公民的民族、文化权利与合法利益是白俄罗斯对外政策的原则之一。

白俄罗斯共和国是欧亚重要的交通枢纽，地理位置的重要性和经受的多次欧洲战争与冲突给国家带来的毁灭性后果，让白俄罗斯将平衡与世界各地区伙伴建设性的关系作为外交政策的重要原则。在与国外伙伴建立对话和互利合作时，白俄罗斯遵循实用主义和连续性原则，互相尊重、双方平等、不干涉内政、拒绝压制与强迫。

白俄罗斯对外政策的基本任务包括：以国际法的公认原则为依据，促进建立稳定、公正、民主的社会秩序；与邻国建立友好关系；加强国际安全，不增加大规模杀伤性武器，对武器进行严格监督；扩大在预防和消除紧急状况，保护环境，信息和人文领域的合作；为白俄罗斯教育、科学和文化的发展引进外来技术与学术资源；加入维护人权领域的国际合作。

❧ 二、对外政策的优先方向

白俄罗斯对外政策的重要方向是多边外交，并在国际组织框架下进行合作。同时白俄罗斯积极支持和参与各种联盟和条约，如独联体、欧亚经济联盟、集体安全条约。白俄罗斯积极巩固其在联合国解决国际问题时发挥的重要作用，例如支持联合国维护国际和平与安全；支持联合国加大对大规模毁灭武器扩散的预防措施；支持削减和取消大规模杀伤性武器的储备；赞同与国家恐怖主义持续做斗争；支持平衡联合国为适应新的国际环境做出的各项改革。

在联合国框架下推进白俄罗斯的倡议是白俄罗斯外交政策的优先任务之一。白俄罗斯所提的倡议包括：加大国际打击人口贩卖的力度；维护家庭的完整，推动传统家庭价值观；推进中等收入国家在联合国的利益；支持联合国将国际切尔诺贝利合作推进到新阶段，通过伙伴关系、创新与投资达到受害地区稳定发展的目的；承认人类进步发展道路的多样性是人类文明的重要意义；不允许采取单边强制措施向主权国家施压；反对在联合国将维权主题政治化；将综合能源问题提到联合国议事日程；预防非法买卖人体器官。

不结盟运动是白俄罗斯外交政策的着力点之一。作为国际关系中具有影响力的主权国家，不结盟运动符合白俄罗斯的国家利益，因此白俄罗斯积极推动不结盟运动与其他政治和经济力量中心的对话和合作，强化与不结盟运动成员国的双边经贸往来。

白俄罗斯支持和维护"欧洲与合作组织"，促进该组织的综合改革，消除工作中的现有不足和障碍，努力将该组织转变为高效地为组织成员国利益行动的开放性机构。

此外，白俄罗斯与上海合作组织成员国在政治、经济、能源、交通、科学和军事技术领域加深了伙伴合作关系，积极参与了上海合作组织代表双方利益的各方面活动，并在地区与全球安全、与恐怖主义和贩毒做斗争、打击贩卖人口方面积极进行合作。

白俄罗斯与各国的外交关系总体上有以下特点：

（一）俄罗斯

白俄罗斯与俄罗斯的合作建立在联盟的基础上。白俄罗斯既在双边层面，也在结盟国和其他联合结构体框架内积极开发与俄罗斯的战略伙伴关系。地理、地缘政治、历史因素、经济的互补性、两国企业的密切合作关系使得两国具有广阔的合作前景。在与俄罗斯进行互利合作的同时，白俄罗斯坚持维护主权和领土完整，并完成了自己承担的国际义务。

（二）独联体国家

白俄罗斯与独联体国家有着相似的历史经历，双方建立了经济和人文合作关系，并积极开展多层面的合作。白俄罗斯支持建设性政治对话，致力于增加双边贸易额，调整协作关系，扩大与独联体国家的科技与文化合作。在合作中，白俄罗斯首先看重的是发展与独联体国家的经济合作潜力，在能源、交通、工业、创新技术领域的合作也都取得了成功。

自2015年1月1日开始生效的《欧亚经济联盟条约》是白俄罗斯与俄罗斯、哈萨克斯坦、亚美尼亚、吉尔吉斯斯坦签订的经济盟约，是白俄罗斯按照世界贸易组织的标准形成统一市场的重要一步。而且，白俄罗斯进一步加强与集体安全条约组织成员国的关系，参与其在政治、军事、军事技术和信息技术等更多方面的活动；促进在打击毒品、非法移民、国家犯罪领域的合作；预防紧急情况的发生；加大对组织成员国对外政策的协调；建设性地调整集体安全条约组织与其他国际组织的合作。

（三）欧盟

白俄罗斯对外政策中面向欧洲的优先方向是与欧盟国家的伙伴关系，主要是在贸易与投资、交通、物流、跨境和地区合作、能源、保护环境等领域进行互利合作。白俄罗斯是欧盟可靠的伙伴，这不仅是从白俄罗斯支持地区稳定的角度出发，而且体现在对全欧洲具有战略意义的重要问题上，如保障军事、政治、能源和生态安全，打击犯罪、毒品交易和非法移民。

2016年2月，欧盟取消了大部分针对白俄罗斯的限制举措，为欧盟与其成员国间的合作发展提供了新的可能性。为发展与欧盟建设性的政治对话，白俄罗斯创建了新的协商模式——白俄罗斯-欧盟协调小组，第一次会议于2016年4月在布鲁塞尔召开。

（四）亚洲、非洲和拉丁美洲

白俄罗斯有意加深和扩大在亚洲、拉丁美洲、近东和非洲地区的联盟与伙伴关系。加深与上述各洲的经济合作，并且贸易多样化是白俄罗斯这样的以出口为主要经济类型的国家经济发展的重要前提。与此同时还要加大与传统外交伙伴（巴西、越南、埃及、印度、伊朗、中国、古巴、日本等国）的政治和经济合作，调整对话，积极进入具有互利合作潜力的国家市场（澳大利亚、印度尼西亚、卡塔尔、哥伦比亚、马来西亚、蒙古等）是白俄罗斯外交优先发展的基本方向。

（五）美国

白俄罗斯支持进一步与美国进行有建设性且平等的对话，扩大全面双边合作。针对全球迫切需要解决的议题，如打击贩卖人口、打击毒品传播、打击网络犯罪和儿童色情影片传播、不增加大规模杀伤性武器等方面进一步加强合作，致力于在尊重对方利益的基础上进行相关合作。

第二节　　同俄罗斯的关系

　　白俄罗斯和俄罗斯的关系具有联盟合作的特点。1992年6月25日，白俄罗斯和俄罗斯建立外交关系。1996年4月，俄罗斯和白俄罗斯共同体成立。1997年4月白俄罗斯和俄罗斯联盟成立。1999年12月8日，白俄罗斯和俄罗斯的国家首脑签署了"建立联盟国家条约"。2014年12月，两国隆重庆祝了条约签署15周年。根据该条约，两国明确了主要的发展定位：保障两国人民和平与民主发展；建立统一的经济和海关空间；保障社会经济的稳定发展；在国防领域实行一致的对外政策；建立统一的法律体系；实行协同一致的社会政策；保障国家安全，与犯罪做斗争。

　　联盟国的领导机构是最高国家委员会，由两国首脑、议会和政府以及由政府领导、外交部部长、经济和金融部部长组成的部长委员会构成。议会会议和联盟国的工作机构——常务委员都在运作中。

　　2014年，俄罗斯总统普京、总理梅德韦杰夫、国家杜马主席谢尔盖·纳雷什金多次出访白俄罗斯，两国首脑进行了双边和多边会晤。俄罗斯部长和20个联邦主体也同期出访了白俄罗斯。两国在独联体内最高程度的合作成为联盟建设的直接结果。国家间和政府间的160个条约与协议成为两国双边关系的法律基础。

　　根据1998年12月25日签订的《公民平等权利条约》，俄白两国开始在社会领域进行合作。此后两国在公民免费教育和就业方面实现的平等权利是实施该条约的主要结果。

　　2014—2015年《对外政策协调一致行动纲领》顺利实施。两国对外政策机构的领导人也定期见面。

　　2006年1月，两国签署《保障俄罗斯公民在白俄罗斯的权利平等和白俄罗斯公民在俄罗斯的权利平等协议》，涉及领域包括医疗、社会保障和纳税。

　　白俄罗斯和俄罗斯积极发展经贸合作。2013年，两国贸易额达到397.16亿美元。2014年，双边贸易额为376亿美元。

两国在国防和安全领域的合作进一步加深。2013年9月，在白俄罗斯的格罗德诺州和俄罗斯的加里宁格勒州举行了"西方2013"俄罗斯–白俄罗斯联合战略演习，普京和卢卡申科出席了本次演习。

第三节 同独联体的关系

由于历史、经济、政治和文化原因，独联体国家是白俄罗斯发展双边关系、外交和对外经济的优先方向。双方合作的最重要领域是经贸合作。根据2014年统计，白俄罗斯与独联体国家的贸易额为82亿美元，其中与乌克兰、哈萨克斯坦、摩尔多瓦、土库曼斯坦和阿塞拜疆的贸易额占白俄罗斯与独联体国家贸易额的95%。

白俄罗斯和乌克兰的外交关系确立于1991年12月27日。从1993年10月开始，白俄罗斯在乌克兰派驻使馆。两国签订了170多个双边国家条约和国家法律文件。《关于友谊、睦邻友好和合作条约》和《自由贸易协议》是调节两国政治和经济合作的基础性文件。两国定期举行经贸合作政府联合会议。2013年5月，第22次例会在基辅举行。2014年12月，白俄罗斯总统赴乌克兰进行工作访问。同年两国贸易额达到58亿美元。

1992年9月16日，白俄罗斯与哈萨克斯坦确立外交关系。1997年，白俄罗斯在哈萨克斯坦设立使馆。1995年哈萨克斯坦在白俄罗斯设立使馆。两国双边合作的条约内容现今包括80多项国际文件。两国积极进行对话，首脑和高层定期互访，白俄罗斯总统和哈萨克斯坦总理经常在独联体、集体安全组织、欧亚联盟框架内会晤。2012年5月，哈萨克斯坦总统正式出访明斯克，2013年10月，白俄罗斯总统正式出访阿斯塔纳，两次互访确认了两国的战略关系。2014年，两国对外贸易额达到117.14亿美元。2013年11月，白俄罗斯举办了哈萨克斯坦文化节，2014年4月，哈萨克斯坦举办了白俄罗斯文化节。2012年，白俄罗斯国立技术大学正式设立了哈萨克斯坦语、历史和文化中心，哈萨克斯坦的欧亚国立大学设立了白俄罗斯语言和文化中心。

白俄罗斯和摩尔多瓦共和国的政治对话和双边经贸关系正在逐步发展中。两国的外交关系确立于1992年11月19日，至今两国已经签订60多个条约和协议，这些条约和协议调节着法律关系中的各项问题。2014年9月，白俄罗斯总统正式出访摩尔多瓦。两国合作的最重要方向之一是农工综合体领域，主要向摩尔多瓦提供白俄罗斯的技术。自2009年，两国的公司联合实施利用"白俄罗斯–921"拖拉机综合体在摩尔多瓦改装葡萄园拖拉机的项目。2012年，白俄罗斯公司"白俄罗斯公用机械"开始在基什尼奥夫城装配无轨电车。2014年，两国贸易额达到4.118亿美元。

白俄罗斯和阿塞拜疆在代表双方利益的各方面领域进行积极合作。两国外交关系确立于1993年6月11日。从2007年开始共进行了5次高层次的正式出访，白俄罗斯总理3次出访阿塞拜疆，举行了8次经贸合作政府委员会例会。2014年，两国双边贸易额达到3.308亿美元。2014年9个月间白俄罗斯吸引阿塞拜疆投资550万美元。

白俄罗斯与亚美尼亚的外交关系建立于1993年6月11日，至今已签署了60多个不同合作领域的协议。亚美尼亚建立了白俄罗斯企业商品运销网络。2010年9月，亚美尼亚–白俄罗斯商场在埃里温开业，销售1.2万多种白俄罗斯商品。2014年，两国贸易额达到3 860万美元。

白俄罗斯和格鲁吉亚的外交关系确立于1994年1月。格鲁吉亚是白俄罗斯在外高加索地区具有发展前景的贸易伙伴。据2014年统计，两国的贸易额达到6 418万美元。2015年2月，在明斯克市举行了白俄罗斯–格鲁吉亚政府经济合作委员会第二次例会。

第四节　　同欧洲的关系

白俄罗斯在地理、历史和文化层面都是欧洲不可分割的一部分，地处交通和贸易要道，为巩固欧洲安全贡献力量，为阻止往欧洲其他国家贩卖毒品、非法销售武器和非法移民提供屏障。白俄罗斯是俄罗斯往欧洲输送能源资源的中转站。随着白俄罗斯、哈萨克斯坦和俄罗斯经济一体化的发展，白俄罗斯在世界经济和欧洲地区经济发展中的作用日益增强。

自独立以来，白俄罗斯基本与所有欧洲国家部建立了外交关系。现今在保加利亚、比利时、奥地利、英国、德国、意大利、拉脱维亚、立陶宛等20多个欧洲国家设立了外交和协商代表处。近年来随着白俄罗斯海外荣誉领事机构的普及，驻欧洲14个国家的荣誉领事机构促进着这些国家与白俄罗斯的双边关系发展，加强着经济主体间的合作，扩大着个人间的交往。欧盟是白俄罗斯出口的第二大市场。近10年白俄罗斯和欧盟间的贸易额增长了10倍。白俄罗斯与欧盟合作的主要方向是对外经济多样化和国家投资。

但在2013年白俄罗斯和欧盟地区的经济合作经历危机。由于金融危机的影响，欧洲整体经济大环境恶化，2013年白俄罗斯和欧盟的贸易额较2012年缩减了21.8%，降为210亿美元。

德国、荷兰、波兰、意大利、立陶宛、拉脱维亚是白俄罗斯在欧洲的主要经贸伙伴。2013年，白俄罗斯举行了同立陶宛、塞尔维亚、拉脱维亚、捷克等国政府间的经贸合作委员会例会；2014年同保加利亚、德国、奥地利、斯洛文尼亚、捷克等国政府间的经贸合作委员会例会。

第五节　同亚洲和非洲的关系

白俄罗斯与非洲和中东66个国家、11个国际区域组织建立了联系，这对巩固白俄罗斯的对外政治具有重要意义。这些国家和地区也包括2012年建交的尼日尔共和国和中非共和国，2013年建交的南苏丹共和国与吉布提共和国。白俄罗斯在非洲和中东的8个伙伴国（埃及、以色列、卡塔尔、尼日利亚等）派驻代表处。为了持续扩大外交关系，白俄罗斯于2011—2013年在非洲的尼日利亚和埃塞俄比亚设立大使馆。2014年，在卡塔尔设立大使馆。南非、巴基斯坦、以色列、伊朗等7个非洲和中东国家在白俄罗斯设有大使馆，4个国家设有荣誉领事。

在国际争端问题上，白俄罗斯和中东及非洲国家拥有相同的立场，解决社会经济发展的方式方法的相似性扩大了彼此在所有领域的合作。

白俄罗斯长久以来在各种国际组织中同非洲和中东国家保持友好和相互支持的关系。而且在非洲联盟和阿拉伯国家联盟中持观察者的立场。白俄罗斯在中东和非洲地区的优先伙伴是埃及、以色列、叙利亚，国家间定期进行高层次的互访，积极影响双边关系的发展。

白俄罗斯与伊朗的合作主要体现在两国经济领域的合作项目和吸引投资。伊朗在白俄罗斯的投资主要集中在建造贸易中心和宾馆、工业生产和农业生产领域。

南亚、东亚和东南亚地区是白俄罗斯的优先方向，该地区各国是白俄罗斯具有市场潜力与服务前景的合作伙伴，也是潜在的白俄罗斯经济的投资商。亚洲地区人口数量为全球人口数量的一半左右，国民生产总值增长迅速，世界上最大的15个进口国中有6个亚洲国家，在前5名中有4个亚洲国家，在亚洲国家进口的商品中就有不少白俄罗斯产品。

2013—2014年，白俄罗斯和越南的对话频率显著增加。2013年5月，越南总理对白俄罗斯进行了正式访问，其间讨论了一系列政治、经贸、军事技术和人文领域的合作问题。在此次访问期间和访问准备阶段签订了10个商务合同和总额达到1亿美元的协议；在大型合作项目的实施方面达成约定；签署了4个政府间和部门间的协议。2014年3月，白俄罗斯外交部部长应越南外交部部长邀请赴越南访问，同年6月，越南国际事务代表团出访白俄罗斯。2014年1月至8月，两国贸易额达到1 168亿美元。2014年12月，两国举行了第十一次政府间经贸和科技合作委员会例会。

第六节　同美国的关系

白俄罗斯和美国的外交关系建立于1991年12月28日。1992年，白俄罗斯在华盛顿设立使馆。两国外交关系的确立奠定了政治、经贸和文化领域合作的基础。1994年，美国总统访问白俄罗斯。1995年、2000年和2005年白俄罗斯总统出访美国，参加联合国总部例会。从1997年开始，美国开始实行针对白俄罗斯的"选举干涉"政策，导致两国合作水平下降。2007—2008年，美国对"白俄罗斯石油化工"康采恩实行经济制裁。美国的这些行动导致双边矛盾升级。白俄罗斯被迫召回驻美国大使，缩小在美国的外交机构的规模。

白俄罗斯方面支持在互相尊重和合作原则的基础上与美国发展双边协作关系。白俄罗斯无意恶化与美国的关系，双边关系正常化是白俄罗斯对外政策的重要方向。2009年6月和2010年10月，美国代表团对明斯克进行访问，其间与白俄罗斯总统和国家领导层进行了会晤，提升了白俄罗斯与美国的关系。2010年12月，白俄罗斯外交部部长和美国国务卿进行了会晤，通过了白俄罗斯和美国在核安全领域和核不扩散领域合作的联合声明。在国际组织和打击国际恐怖主义方面两国也扩大了协作。

尽管在政治层面存在一定的矛盾，但白俄罗斯和美国的经贸往来在现阶段稳步发展。美国是白俄罗斯重要的贸易伙伴之一，是独联体国家外第五顺位的贸易伙伴。据统计，2007年双边贸易额达到最好水平——7.408亿美元。但由于美国政府对"白俄罗斯石油化工"的制裁，白俄罗斯出口的重点又从美国转移到其他国家，双边贸易减少。但在2010—2011年，白俄罗斯同美国的双边贸易呈现复苏的态势，白俄罗斯对美国的出口额在2011年达到8 160万美元。双边贸易额也有所增长，达到6.427亿美元。如今，两国经贸合作稳步发展，白俄罗斯向美国出口金属产品、石油产品、玻璃化纤、亚麻纺织品、木材加工制品、光学产品、家具和食物。白俄罗斯和美国在预防高科技犯罪、打击毒品传播和贩卖人口、打击网络儿童色情影像传播领域的合作也取得了一定成效。

第七节　同中国的关系

中白两国关系发展顺利，高层交往频繁。中国是最早承认白俄罗斯独立的国家之一。2013年7月，白俄罗斯总统卢卡申科访华期间，两国元首签署联合声明，宣布中白建立全面战略伙伴关系。

一、中白建交初期

1992年1月19日—24日，白俄罗斯部长会议主席克比奇访华，两国政府签订了建交协定和经贸合作协定。克比奇主席是白俄罗斯独立后来访的第一位独联体成员国的政府首脑，也是独联体成立后来华访问的第一位独联体成员国的政府首脑。

1993年1月8日—12日，白俄罗斯最高苏维埃主席舒什克维奇对中国进行正式访问。中国领导人分别同他进行会见与会谈，讨论双边关系的现状和前景以及其他共同关心的问题。双方签订了《中国和白俄罗斯联合声明》。

1995年1月，白俄罗斯总统卢卡申科对中国进行正式访问。卢卡申科总统表示，他对中国一向怀有好感，认为中国采取的措施是正确的战略决策，并表示白俄罗斯希望同中国开展大规模合作，增进两国在各项领域的关系。白俄罗斯可以成为中国在经济和政治上向西欧推进的桥梁。双方还就共同关心的问题以及加强友好关系，加强在经贸、科技方面的合作交换了意见。双方签订了两国关于进一步发展和加深合作的联合声明、关于在电子技术领域合作协议等一批合作协议。此次访问进一步加深了两国领导人之间的了解，增进了两国和两国人民的友谊，促进了两国友好合作关系的发展。

1995年6月，李鹏总理应邀对白俄罗斯进行正式访问。访问期间李鹏总理表示，中国十分重视发展同独联体各国的友好合作关系。此次访问对增进中白之间的相互了解，促进互利合作具有十分重要的意义。卢卡申科总统表示，中国领导人对白俄罗斯的访问在白中关系史上还是首次，白俄罗斯对此极为重视并予以高度评价。他认为，中国改革是在保持政府对经济调控的前提下进行的，白俄罗斯正在努力向中国学习。双方签订了中白联合公报、两国引渡条约、两国军事技术合作协定及商品援助协定。此次访问使中白在各个领域的合作提高到一个新的水平，使两国关系的发展进入了崭新的阶段。

❀ 二、中白友好关系的发展

中白两国友好关系的持续发展为两国在多方面达成共识奠定了基础。2001年7月19日，中华人民共和国和白俄罗斯共和国于明斯克发表了联合新闻公报。两国领导人确认双方在一系列重大国际问题上立场相同或相似，都主张加强在联合国及其他国际组织框架内的协作与紧密合作，为建立公正合理的国际政治经济新秩序而共同努力。双方坚信，联合国是主权国家组成的世界上最具普遍代表性和权威性的组织，它的地位和作用是其他国际组织无法取代的。双方认为，只有遵循《联合国宪章》的宗旨和原则以及公认的国际法准则，并考虑到各国人民的民族特点和特性，通过国际社会的集体努力才能战胜21世纪的挑战。双方声明，决不接受违反《联合国宪章》的宗旨与原则、以任何借口干涉主权国家内政的图谋。

公报指出，中华人民共和国和白俄罗斯共和国重申，选择自己的政治、经济和社会发展道路是每个国家的主权，相互支持对方为维护本国独立、主权和领土完整所做的努力。"白俄罗斯共和国重申其在台湾问题上的一贯原则立场，即世界上只有一个中国，中华人民共和国政府是代表全中国的唯一合法政府，台湾是中国领土不可分割的一部分。"

两国领导人强调，1972年的《限制反弹道导弹防御系统条约》是全球战略稳定和国际安全的基石。1999年及2000年联合国大会通过的由中华人民共和国和白俄罗斯共和国与其他国家一道提出的"维护和遵守《限制反弹道导弹防御系统条约》"决议具有重要意义。中华人民共和国和白俄罗斯共和国将加强经贸和科技联系，并为此创造有利的法律、金融与经济条件。

公报说，中华人民共和国和白俄罗斯共和国将深化两国立法和行政部门、社会组织之间的联系，扩大在科学、教育、文化、卫生、社会保障、旅游、体育及其他领域的合作。

2007年两国领导人会晤期间就以下问题达成共识：

（1）保持高层及其他各层次的交往。及时就双边关系等重大问题交换意见，加深相互理解与信任，协调立场，维护共同利益。

（2）提升经贸合作规模和水平。进一步相互开放市场，采取切实措施，鼓励扩大相互投资，为企业投资兴业提供便利；完善贸易结构，增加高附加值和高科技产品在双边贸易中的比重；推动大项目合作，确保电信、电力等重点合作项目的实施；建立机制，及时解决双方经贸关系中出现的问题。

（3）加强科技合作。支持两国企业和科研机构联合生产、联合开发、共同开拓市场。中方2008年在白俄罗斯举办"中国科技日"暨科技成果展，白方适时在华举办类似活动。

（4）扩大地方合作。进一步活跃地方交往，鼓励两国有关省、州建立结对伙伴关系。

（5）加强人文交流。促进教育、文化交流与合作，鼓励互派留学生，互办大型文化活动，尽快启动白俄罗斯国立大学孔子学院项目。

（6）密切在国际和地区事务中的配合。加强在联合国、反恐、人权、防扩散等问题上的沟通与协调，共同促进世界和地区和平、稳定与发展。

三、 中白政治友好关系现状

（一）高层互访频繁

2010年3月，时任中国国家副主席习近平对白俄罗斯进行正式访问。访问期间习近平表示，建交18年来，中白关系始终保持健康稳定发展势头。特别是近年来，在两国领导人的关怀和推动下，中白关系迈入全新发展阶段。两国在政治上相互信任，经济上互利互惠，文化上相互借鉴，在国际事务中密切协调和配合。卢卡申科表示，白中两国有着非常良好的双边关系。这种关系建立在高度的政治互信和平等互利的经济合作的基础上。白俄罗斯现在、将来都是中国坚定的好朋友、好伙伴。白方高度评价中国近年来所取得的伟大成就，感谢中方长期以来向白方提供的无私援助。此次访问及其签署的合作文件，极大地帮助了白俄罗斯的经济社会发展，推动了白中双方的合作，造福了两国人民。

2010年10月，白俄罗斯总统卢卡申科来华出席上海世博会白俄罗斯国家馆日活动并访华。时任中国国家副主席习近平在人民大会堂会见了白俄罗斯总统卢卡申科。双方就进一步发展两国关系等问题深入交换了意见，达成广泛共识。中国积极评价了中白关系取得的进展，表示中白是好朋友、好伙伴，不断巩固和加强两国关系，发展两国全面合作是中国政府坚定不移的政策。

2013年7月，白俄罗斯总统卢卡申科对中国进行国事访问。中方感谢白方在涉及中方主权和领土完整问题上一贯给予的支持。并坚持巩固和深化中白关系是中方坚定不移的政策，中方愿推动两国关系不断迈上新台阶。卢卡申科表示，中国是白俄罗斯亲密的、可信赖的朋友。在国际形势复杂多变的条件下，中国沿着中国特色社会主义道路稳步向前发展，对世界意义重大，对白俄罗斯是莫大鼓舞。发展对华关系是白俄罗斯外交的优先方向。白方希望同中方加强在重大问题上的沟通和协作，深化友谊、互信与合作。会谈后，两国元首共同签署了《中华人民共和国和白俄罗斯共和国关于建立全面战略伙伴关系的联合声明》，并见证了多项双边合作文件的签署。

2014年1月，白俄罗斯总理米亚斯尼科维奇对中国进行正式访问。两国总理共同见证了《中白全面战略伙伴关系发展规划(2014—2018年)》等双边合作文件的签署。

2015年5月，中国国家主席习近平在明斯克同白俄罗斯总统卢卡申科举行会谈。双方一致同意加强两国各领域合作，对接两国发展战略，开创中白全面战略伙伴关系新时代。

2016年4月28日，白俄罗斯外长马克伊出席在亚洲相互协作与信任措施会议第五次外长会议。马克伊表示，白方完全支持习近平主席在亚信外长会议开幕式上阐述的中方在南海问题上的原则立场。习近平主席的讲话是面向未来的讲话，对维护亚洲乃至世界和平具有重要意义。

2016年5月13日，商务部国际贸易谈判代表在明斯克会见白俄罗斯政府总理科比亚科夫。这一阶段两国政治互信不断增强，经贸合作成效显著，人文往来日益密切，正处于历史最好时期。中方愿与白方一道，落实好两国领导人达成的共识，推动中白经贸务实合作不断向前发展。科比亚科夫则表示，中国始终是白外交政策的优先方向，白方十分看重中国企业增加对白直接投资，当前两国经贸关系已逐步转向投资合作关系。白俄罗斯政府将全力提供一切保障，为项目落实创造便利条件，不断充实白中全面战略伙伴关系的内涵。

（二）现阶段两国友好关系的发展所取得的成果

2010年，中白两国贸易额已克服国际金融危机影响，大幅回升，双方抓住机遇，拓宽合作领域，推动大项目合作，深化高新技术合作，重视科技园区建设，保持两国经贸合作持续稳定发展势头。同时继续促进两国文化、教育、体育、旅游等领域的交流合作。加强在彼此关心的重大问题上的相互支持，以及在国际热点问题上的协调配合，为中白关系全面深入发展打下更扎实的基础。

中国政府视白俄罗斯为真诚的朋友和值得信赖的伙伴。推动中白关系长期健康稳定发展是中国政府坚定不移的政策，符合两国和两国人民的根本利益，也有利于维护地区的和平稳定。中国领导人就进一步发展两国关系提出五点建议：

（1）保持高层交往，深化政治互信。两国领导人、立法机构、政府、政党可通过各领域、各层级交往，就双边关系及重大国际和地区问题及时交换意见，深入相互理解，协调彼此立场，为双边关系发展奠定更加坚实的政治基础。

（2）加强相互支持，维护共同利益。中方赞赏并感谢白方在台湾、涉藏、涉疆等问题上坚定支持中方，理解和尊重白俄罗斯政府和人民根据本国国情选择的发展道路和奉行的内外政策。

（3）推动务实合作，促进共同发展。双方应抓住机遇，将两国合作规划与各自发展战略有机结合起来，推动基础设施建设、通信、能源、高科技等大项目实施，挖掘合作潜力，充实双边关系内涵。

（4）加强人文交流，巩固传统友谊。中方高度重视两国青年交往，愿积极考虑启动两国青年团组互访。中方愿继续推动中白教育、科技、文化等领域的交流合作，鼓励留学生交流，支持文化团体访问演出和举办文化日活动，鼓励两国公民赴对方国家观光旅游，支持在白俄罗斯推广汉语教学，加强两国人民相互了解，夯实两国关系的社会基础。

（5）密切国际合作，加强协调和配合。中白在应对国际金融危机冲击、应对气候变化、联合国安理会改革等重大国际问题上的立场相同或相近，双方加强协调和合作，有利于维护两国的根本利益和战略关切，也有利于地区的和平、稳定和发展。

2013年两国领导人决定，建立中白全面战略伙伴关系，并制订相关发展规划，进一步提升两国合作水平。政治上，继续相互坚定支持。坚定支持对方核心利益和重大关切，坚定支持对方根据本国国情选择的政治社会制度和发展道路，坚定支持对方发展振兴。保持密切的高层交往，交流治国理政经验。经济上，全面深化合作。统筹规划基础设施建设、机械制造、通信、建材、能源、化工、金融等领域合作，扎实推进大项目。优化贸易结构，增加高附加值和高新技术产品贸易，促进双边贸易平衡增长。扩大相互投资，办好合资企业和中白工业园建设。文化上，深入交流互鉴。中方欢迎更多白方学生来华学习，共同办好孔子学院和"文化日"等活动，推动地方交往。国际事务中，加强协调配合。共同维护《联合国宪章》宗旨和原则，维护第二次世界大战的胜利成果，推动世界多极化和国际关系民主化，促进世界和平、稳定和繁荣。

第八章 经济

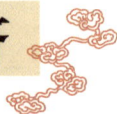

白俄罗斯独立后兼顾本国国情及国际形势，走上了经济改革之路，把发展市场社会主义模式作为发展国家经济的战略和目标，在独联体国家经济改革中独树一帜。

第一节 概况

白俄罗斯工业发展快速，农业稍显落后，国民生产总值人均占有率较高，地区经济发展差距较小。白俄罗斯经济转型经历了三个阶段。

一、独立前的白俄罗斯经济发展状况

独立前，白俄罗斯经济发展一波三折，并不平稳，甚至遭遇了两次较大的打击。第一次是第二次世界大战期间，德国法西斯长期占领白俄罗斯，使白俄罗斯国家经济遭受重创。第二次是1986年的切尔诺贝利核泄漏事故造成的巨大损失，使白俄罗斯经济发展雪上加霜。到20世纪80年代后期，白俄罗斯深受经济危机的困扰，而苏联当时又忙于改革，从而放松了对各加盟共和国的控制，使白俄罗斯得以喘息，并借此机会尝试改革，进行扩大企业和地区自主权的改革。但因缺乏规范的法律制度，结果适得其反，不但没有提高企业效益，反而使原有的管理体系遭到破坏，导致经济管理水平降低，生产能力下降。到了20世纪90年代初，白俄罗斯的生产和投资方面出现了大幅下降。其间，高度集中管理的弊端逐渐显现出来，国家出现了严重的经济和社会问题，经济倒退，工业企业管理混乱，发展滞后，社会保障体系很

难维系，甚至出现了大量的失业问题。经历两次沉重打击，白俄罗斯经济和产业结构不合理的现象突出，生产效率低下，管理能力减弱，民众对政府执政能力失去信心，白俄罗斯经济发展面临危机。

二、独立初期的白俄罗斯经济发展状况

独立初期，白俄罗斯政府及时采取了稳定措施，以保证经济和社会发展，再加之原来的经济实力，工农业生产滑坡在一定程度上得到了暂时控制，经济下滑速度降低。1991年国民生产总值和生产性国民收入只比上年下降2%和3%，农业产值下降3.1%，工业产值仅下降1.5%。与独联体其他国家相比，下降幅度是最小的。

此后，白俄罗斯积极推行"私有化、自由化、西向化"，以加速本国经济的转型。但由于盲目跟进，白俄罗斯经济不断恶化，特别是到了1993—1994年，经济发展出现严重危机。放开物价管制导致物价急剧上升，商品短缺，白俄罗斯货币暴跌，通货膨胀加剧。经济危机伴随着财政危机和金融危机使白俄罗斯险象环生，重创了白俄罗斯的经济也阻碍了社会的发展。

三、卢卡申科执政后白俄罗斯"市场社会主义"经济模式的确立

卢卡申科在白俄罗斯国家经济出现危机时，采取紧急措施。1994年7月，卢卡申科当选为白俄罗斯总统。他对"休克疗法"式的私有化进行制止，中止"雪崩"式私有化，主张在"公众监督下公开实行私有化"，并宣布要建设一个"切实提高生产效率、没有赤字、有高水平社会保障机制"的"市场社会主义"。

白俄罗斯转型的目标是要建立"社会市场经济"，其方式是私有化和自由化。改革内容主要包括：实施经济体制改革，逐步实现国有财产的非国有化和私有化；使经济结构逐渐趋于合理化；建立价格机制，使之更符合市场经济；金融体制改革；社会保障体制改革；实行全方位对外经济战略，加快走向国际市场，融入世界经济，以此巩固白俄罗斯的国际地位。

现今，白俄罗斯工业基础较好，机械制造、电子、通信、仪器制造、冶金、石化、轻工和食品工业比较发达；在激光、核物理、核

能、粉末冶金、光学、软件、微电子、纳米技术和生物技术方面具有较强的科研实力。农业和畜牧业较发达，马铃薯、甜菜和亚麻等产量在独联体国家中居于前列。白俄罗斯经济在独联体国家中率先恢复并超过苏联时期的水平。

第二节　　农业

白俄罗斯的种植业和畜牧业比较发达。白俄罗斯的地形大部分平坦，多平原和盆地，土壤以草甸灰化土为主，土质较肥沃；境内纵横河流湖泊，具有充足的水源；加之气候温和湿润，雨量充足，具备发展农业的有利自然条件。同时，化肥产量和农业机械化程度较高，也为发展农业创造了良好的外部条件保障。种植业主要从事谷物、马铃薯、蔬菜以及亚麻、油菜、甜菜等农作物的生产；畜牧业主要从事肉蛋奶等的生产。

一、农业发展现状

种植业和畜牧业是白俄罗斯农业的两大传统种类。国家重视农业发展，加大农业投入，采取优惠贷款等一系列措施扶持农业，使白俄罗斯成为独联体国家中农业开始恢复性增长比较早的国家。2015年，受货币贬值影响白俄罗斯农业增长出现下降，在此之前保持了多年的连续增长。在保障自给自足的同时，白俄罗斯还出口农作物和畜牧产品。

（一）种植业发展状况

白俄罗斯种植业主要包括小麦、黑麦、大麦、燕麦和玉米等谷物，亚麻、甜菜和油菜等经济作物，青贮玉米和饲用直根作物等饲料作物，此外还有马铃薯等蔬菜作物。其中亚麻和马铃薯是白俄罗斯享有盛誉的两大传统农作物。白俄罗斯至今始终保持着这个传统的种植优势，特别是土豆是白罗斯农产品的主打品种。而亚麻是白俄罗斯农业的特色品种。白俄罗斯也是世界亚麻主产区，在世界范围内享有盛誉。白俄罗斯的马铃薯、甜菜、亚麻等产量在独联体国家中居于前列。

（二）畜牧业发展状况

白俄罗斯农业生产结构以畜牧业为主，畜牧业比重高是其农业结构的突出特点，畜牧业也是发展最快的部分。白俄罗斯畜牧业发达，自动化程度较高。畜牧业以养猪、牛、羊、马等为主，其次是家禽。此外，还有渔业和特种养殖业。白俄罗斯畜牧业呈现向优势畜种集中发展的态势，猪、家禽等优势畜种养殖发展较快，牛、马等非优势畜种养殖则逐渐萎缩。2012年，白俄罗斯畜牧业产值28.43万亿白俄罗斯卢布，约合34.11亿美元（按年平均汇率1美元：8 335.86白俄罗斯卢布计算），占农业总产值的48.3%。

肉、蛋、奶等产品是白俄罗斯农业出口的主要产品。白俄罗斯独立后，国家实施农产品价格改革，强调国家宏观调节，提出必须对粮食、肉、奶等关系民生的基本消费品价格进行调控。目前，白俄罗斯仍然保持着传统的畜牧和养殖业优势，出口结构多年未变。

❧ 二、农业进出口情况

白俄罗斯独立后，与其他国家的贸易比重不断上升，至1995年升至35.7%（36.67亿美元），与独联体国家贸易比重降至64.3%（66.03亿美元），但仍占主导地位。白俄罗斯农业外贸进出口商品主要是非农业产品，以及亚麻、肉奶制品等传统优势产品。白俄罗斯出口的农产品主要是肉、蛋、奶、糖和马铃薯等，其中白糖出口位居首位。农产品主要出口独联体国家市场，最大的农产品贸易伙伴为俄罗斯。奶和奶制品也出口到欧洲、亚洲等新兴市场。白俄罗斯农业进口商品主要是肉类、鱼类制品、葵花籽油等，其中大部分从独联体国家进口。蔬菜和水果主要从欧盟国家进口。

苏联解体后，独立出来的各国农业总产量均大幅下降，主要农作物播种面积和产量也呈下降趋势。苏联解体后，白俄罗斯农业恢复快于独联体其他国家。特别是自2005年以来，白俄罗斯农业呈明显上升趋势，无论是种植业，还是养殖业，都呈现出一派生机勃勃的新气象。中白在农业等各领域的合作逐渐展开，并且拥有非常大的合作潜力。中国政府非常重视与白俄罗斯的投资合作，特别是对农业领域的投资，加强政府间农业投资协商，推动白俄罗斯进一步放开农业投资领域，减少对中国劳务的限制，积极营造良好的投资环境，实施优惠的投资政策，保护中国投资者的利益，从而推动中白农业合作向更深层次发展。

第三节　工业

白俄罗斯工业基础较好。机械制造业、冶金加工业、机床制造、电子及激光技术比较发达。白俄罗斯工业以重工业为主，主要生产拖拉机和卡车、挖土机、金属切割机床、农业装备、化工、化肥和摩托车等。轻工业主要发展纺织和日用消费品等。白俄罗斯工业的发展也经历了不同的时期和发展阶段。

卢卡申科也积极推行国有体制改革，加快了发展私营经济。但由于设备老化与能源短缺，因而在一定程度上制约了白俄罗斯经济的发展。市场经济模式在建设过程中也遭遇各种危机，给市场经济体制和国民经济整体发展带来深刻影响。特别是在经济和金融危机影响下，国民经济增长受到限制。

白俄罗斯的化学和石化工业获得较快发展，主要有化纤工业、矿物化学工业（钾肥的开采）、基础化学和石化工业。这些工业企业产品，占白俄罗斯石化行业产品总量的80%，是石化工业主要的出口商品。白俄罗斯石化行业的龙头是"白俄罗斯石化"国家康采恩，它由一些石化组织和企业联合组成的。这些企业除了主要从事石油的输送、加工和石油产品的销售以外，还生产矿物肥、化纤和纤维产品、轮胎产品、玻璃纤维产品、油漆和颜料及塑料制品，其产品出口到80多个国家。

白俄罗斯在微电子领域异军突起，已经具备世界先进水平的集成电路制造设备生产设计基础，长期为俄罗斯尖端设备提供配套服务，并向中国提供集成电路生产设备服务。白俄罗斯集成电路公司"Integral"是最大的集生产研发于一体的企业，也是中东欧地区生产半导体电子元器件和集成电路的最大企业。

白俄罗斯无线电技术工业发展日臻完善，拥有60多家企业、科技生产联合公司、科研和规划设计研究所等。生产的产品占独联体国家同类产品总数的三分之一。主要产品有：多功能程序技术成套设备、专用和家用程序计算机、电子自动电话交换台、通信产品、自动化和动力电子学产品、电子柜员机、测量仪器、家用电子技术产品以及医学产品等。

苏联解体后的白俄罗斯轻重工业都获得了一定程度发展，特别是在创新技术领域发展较快。因此，白俄罗斯在这些领域加强同俄罗斯与中国等国家的合作，逐渐形成了自身的发展优势。白俄罗斯经济转型20余年来，社会稳定，经济发展，人民满意。公有制和非公有制经济都获得了较快发展，大型国有企业改革效果显著，中小型企业逐步实行私有化，产业结构得到合理调整，缩小重工业比例，扩大轻工业和服务业发展，新建和完善了一大批服务市场经济的法律法规，以保证经济持续发展。

第四节　旅游业

白俄罗斯共和国地理位置优越，交通便利，常年气候湿润，冬季温和，夏季多雨，风景优美，是旅游的首选地。苏联解体后，白俄罗斯旅游业迅速发展，每年吸引世界的大量各地游客。据白俄罗斯旅游规划部门统计，2010年白俄罗斯旅游收入4 687亿卢布，5年来翻了12倍。其中明斯克、莫吉廖夫和戈梅利地区旅游业收入达1.476亿美元。

白俄罗斯的名胜古迹和著名景区有：

胜利广场

坐落于明斯克市中心，1947年建成，长225米，宽175米，广场上矗立着伟大卫国战争阵亡烈士纪念碑，高40米，碑身底部四面镶嵌大型金属浮雕群，以纪念白俄罗斯军民英勇抗敌的战斗历程。

伟大卫国战争历史国家博物馆

位于明斯克市共和国宫左侧，是白俄罗斯最大、收藏品最多的一座卫国战争纪念馆。

别洛韦日森林国家公园

最古老的国家保区之一，修建于1990年，位于白俄罗斯西南的格罗德诺和布列斯特州，距明斯克340千米。国家保护区内有59种哺乳动物（包括6种国家保护动物）、253种鸟类，约300头欧洲野牛，这些野牛是保护区最珍贵的动物。别洛韦日森林独具特色，是中欧平原上最大的古老森林。这里的森林平均树龄超过100年，部分地区树龄超过250至350岁。

布拉斯拉夫湖国家公园

建于1995年，位于与立陶宛和拉脱维亚交界的布拉斯拉夫行政区。公园总面积69 100公顷。约200个池塘是公园内的"珍宝"。

普里皮亚季森林公园

建于1996年，位于戈梅利州。公园占地188 485公顷。该公园以珍稀的动植物而闻名。

纳拉奇湖国家公园

建于1999年。公园内的纳拉奇湖被称为"国家之珠"。纳拉奇湖是白俄罗斯最大的湖，美丽的湖泊和游乐设施总是吸引许多游人。公园内还有国家最大的纳拉奇疗养院和一个假日营地。全年240天游人均可在此享受舒服的假期，一年中有约100天可在此游泳。另外，纳拉奇湖也以矿泉水而闻名。

白俄罗斯旅游业飞速发展基于以下原因：

（一）政府大力扶植。每年拨专款用于发展旅游业，同时采取措施，鼓励地方、民间和外资共同发展旅游业，这些措施加快促进白俄罗斯旅游业快速发展。

（二）白俄罗斯独特的地理环境吸引大量国外游客，特别是一些原生态景点使很多游客慕名而来。如别洛韦日国家森林公园是一座具有900多年历史的公园。在白俄罗斯还可以领略到号称"欧洲之肺"沼泽低地中心的普里皮亚季森林公园。

（三）白俄罗斯淳朴的民风和习俗也吸引着各方游客。

第五节　交通运输业

❧ 一、概况

白俄罗斯铁路和公路交通网较发达，是欧洲交通走廊的组成部分，为45个国家提供公路过境运输服务，其公路运输量位列欧洲第四位。而且白俄罗斯还是俄罗斯向其他欧洲国家输出石油和天然气的重要过境通道，交通位置的重要性促进了铁路和公路的发展。据统计，2014年白俄罗斯货运量达到4.7亿吨，客运人数达到22.4亿人。

（一）铁路交通状况

长途运输仍以铁路为主。现代白俄罗斯的主要干线担负着全国货运量的约75%和客运量的约50%。布列斯特—明斯克—奥尔沙—俄罗斯边境的双轨电气化铁路全长达到612千米，货运列车速度达90千米/小时，客运列车速度达160千米/小时。白俄罗斯铁路担负着与亚太地区国家铁路运输机构的联运工作，其中包括中国。布列斯特—乌兰巴托—呼和浩特（中国）有定期的集装箱列车"蒙古维克多"号运营。

（二）公路交通状况

白俄罗斯公路网全长8.36万千米，其中国道长度为1.54万千米，地方公路里程6.82万千米。其中硬面公路6.26万千米。全国建有5 300座桥梁，高架桥全长为173千米。白俄罗斯境内有5条E级国际公路，全长达1 841千米，包括2号欧洲交通走廊（柏林—华沙—明斯克—莫斯科—下诺夫哥罗德），9号欧洲交通走廊（赫尔辛基—圣彼得堡—莫斯科/普斯科夫—基辅—基什讷乌—布加勒斯特—季米特洛夫格勒—亚历山德鲁波利斯）及其全长达1 513千米的B9号支线（加里宁格勒/克莱佩达—考纳斯—维尔纽斯—明斯克—基辅）。白俄罗斯石油运输管道2 936千米，天然气运输管道6 301千米，石油产品运输管道1 265千米。白俄罗斯国际运输主要以海运与公路多式联运或者铁路运输为主，多式联运首先由海运运输到立陶宛的克莱佩达或者周边港口，然后由拖车运输到明斯克等内陆城市。

（三）空运状况

白俄罗斯共有7个国际机场：明斯克国家机场、明斯克1号机场、戈梅利机场、格罗德诺机场、布列斯特机场、莫吉廖夫机场和维捷布斯克机场。这些机场担负着国内和国际航线的运输任务。明斯克国际机场可保证属于国际民用航空组织规定的第Ⅰ和第Ⅱ两个范畴的飞行，可起降任何型号的飞机。戈梅利机场、格罗德诺机场、莫吉廖夫机场和维捷布斯克机场可起降伊尔-76、图-154、B-737、B-757型飞机和此级别以下的飞机。布列斯特机场可起降AH-124（鲁斯兰型）、伊尔-76、图-154、安-310-300、B-767-200型飞机和此级别以下的飞机。

白俄罗斯主要有三家航空公司：白俄罗斯航空公司、戈梅利航空公司以及航空运输出口航空公司。其中前两家企业主要从事客运航空运输，航空运输出口航空公司在货运航空运输市场上占有主导地位。

（四）水运状况

客运流转量约200万人千米，它保证了长达约2 000千米的国内水路客、货运输，通过10个河港，将旅客和货物运到沿河各居民点和货物加工点。这10个河港位于普里皮亚季河、第聂伯河、索日河、别列津纳河、涅曼河、西德维纳河流域。欧洲水系中的水路布格河—第聂伯布格运河—普里皮亚季河—第聂伯河—黑海出海口水系流经白俄罗斯，白俄罗斯沿着这条水路交通干线出口钾肥。戈梅利、博布鲁伊斯克和莫济里的河港都有铁路专用线并且适合对需要联运的货物进行整理。港口装备有高效的龙门起重船和快速编组船舶的机械化货运线。

第六节　　对外贸易

白俄罗斯与世界上140多个国家保持贸易往来。外贸出口占其国民生产总值的60%，进口约占55%。2000年，白俄罗斯外贸额共计158.57亿美元，其中出口73.8亿美元，进口84.77亿美元，外贸逆差10亿美元。2001年1月—6月，白俄罗斯对外贸易总额为73.39亿美元，同比下降4.9%，其中出口36.68亿美元，增长4.2%；进口36.71亿美元，下降12.5%。

白俄罗斯最大贸易伙伴国是俄罗斯，独联体国家是白俄罗斯的传统市场。白俄罗斯主要贸易伙伴还有德国、乌克兰、波兰、拉脱维亚、立陶宛、意大利、美国、中国等。白俄罗斯主要出口商品是钾肥、石油制品、化学纤维、运输工具、金属加工机床、轮胎、冰箱和冰柜、电视机等。白俄罗斯主要进口商品为石油、天然气、煤炭、电力、黑色金属、工业碱、酒精和环状烃、粮食、食糖、真丝等。

白俄罗斯制定的近五年的出口战略主要包括以下几个方面：

（一）对俄贸易是白俄罗斯外贸政策的中心

俄罗斯是白俄罗斯最大的贸易伙伴，经济上对俄罗斯的依赖性决定了白俄罗斯的经贸走向。白俄罗斯曾是苏联时期的重要工业基地，集中了大批化工、机器制造、电子、军工和冶金企业，属燃料能源高消耗的工业国家。由于能源自给量不足，90%以上的能源依靠从俄罗斯进口，对俄罗斯的能源债务一直保持在4亿美元左右。白俄罗斯经济贸易的增长必须以扩大对俄的进口量为前提。同时，俄罗斯也是白俄罗斯工业制成品的最大销售市场，双边贸易额在白俄罗斯外贸中的比重近60%。白俄罗斯外贸发展与俄罗斯国内经济状况及俄卢布汇率的变化息息相关。这种对俄罗斯的依赖性决定了白俄罗斯经贸发展的重心势必向俄倾斜，这是白俄罗斯目前经济发展的一个特点，也是白俄罗斯外贸连年逆差的主要症结所在。

（二）优先发展服务出口

当前国际贸易中服务与商品出口的比例一般为1∶4，白俄罗斯该项比例为1∶9。白俄罗斯拟大力发展运输业、石油和轻工业的来料加工、旅游业，以及在俄罗斯和独联体其他国家的工程承包项目。列入白俄罗斯重点合作国别的非独联体国家有德国、波兰、立陶宛、拉脱维亚，以及匈牙利、捷克、英国、荷兰、法国、中国、印度等。

（三）协调发展同周边国家的睦邻友好和经贸关系

白俄罗斯与周边国家在苏联和经互会时期形成的经济联系和相互依存关系在其经贸发展中仍发挥一定的作用。白俄罗斯只有与各邻国在边防、海关的建设与发展中协调一致，才能解决运输和能源的过境问题，发展互利的边境贸易，共同开发自然资源。

白俄罗斯将波罗的海三国视为出海口。它们是白俄罗斯建立商品运销网络，推动白俄罗斯产品对该地区以及斯堪的那维亚半岛出口的潜在合作伙伴，也是白俄罗斯商品无障碍过境和贸易额增长的保障。立陶宛、拉脱维亚和爱沙尼亚在加入欧盟后的重要性将更加突出。因此发展与波罗的海三国的经贸关系对白俄罗斯而言具有极为重要的意义。

（四）其他

白俄罗斯坚决反对将经济关系政治化，认为经济关系的发展战略应以互利合作为目的，对东西方市场一视同仁。白俄罗斯希望将对外贸易纳入世贸组织的多边协调机制，并制定了在五年内加入世贸的相关措施；取消出口限制，实行关税保护调节，将业务权转至地区（各州和明斯克市）；逐年减少依靠进口能源生产的耗电量大和金属消耗量大的商品的出口；建立进出口方面的法律保障体系，广泛采用新工艺，扩大对其他国家的出口，开拓新的国际市场，对传统市场的出口实现多样化，增加外汇收入。同时对出口商提供金融、信贷支持，完善税收法制和外汇政策，为出口发展创造条件。实现对外贸易和国际收支的稳定，保持收支平衡。加大引资力度，完善吸引外资的政策、法律和机制。

第七节　中白经济合作

中白建交20余年来，两国关系始终保持健康稳定发展。白俄罗斯是中国在独联体地区重要的经贸合作伙伴，双方政治互信高，经济互补性强，合作潜力巨大。近年来，在两国领导人的直接关怀和推动下，中白经贸合作迅速发展，合作规模逐年扩大，合作水平不断提高，在双边贸易、工程承包、金融合作、相互投资、园区建设及国际贸易通道等领域的合作成效显著。

中国已成为白俄罗斯第五大贸易伙伴及在亚洲最大的贸易伙伴。

两国合作项目涉及工业园区、农业、电力、新能源、建材、通信、交通和工业基础设施、造纸、化工、家电制造、航天航空、智能物流、酒店及房地产开发等多个领域。

2013年7月，中白两国宣布建立全面战略伙伴关系，标志着两国关系发展到了新的水平。

2014年1月，白俄罗斯总理米亚斯尼科维奇访华期间，两国领导人一致同意推进中白全面战略伙伴关系发展，宣布实施《中白全面战略伙伴关系发展规划（2014—2018）》，并建立中白副总理级政府间合作委员会，将统筹推进中白工业园区、经贸、投资、高技术、金融、交通运输等领域的合作。

2014年9月，两国成立政府间合作委员会并召开首次会议。经贸合作委员会保留在政府间合作委员会内。同期，中白双方还设立经贸合作分委会地方间经贸合作工作组。

2014年12月22日，中国商务部和白俄罗斯经济部在北京签署了关于共建"丝绸之路经济带"的合作议定书。中国和白俄罗斯将运用两国政府间合作委员会经贸分委会合作机制推动"丝绸之路经济带"的建设。

2015年5月，中国国家主席对白俄罗斯进行国事访问，进一步推动双边关系向前发展，提升了两国合作水平。

截至2015年6月，两国共签署80个国际条约。

经贸领域的法律文件主要包括：

《中华人民共和国政府和白俄罗斯共和国政府经济贸易合作协定》

《中华人民共和国政府和白俄罗斯共和国政府关于鼓励和相互保护投资协定》

《中华人民共和国政府和白俄罗斯共和国政府关于对所得和财产避免双重征税和防止偷漏税的协定》。

此外，两国对应的政府部门(经济、财政、银行、统计、海关等)也签署了合作协议。这些文件为两国发展经贸关系奠定了坚实的法律基础。

🌸 一、中白双边贸易

中白建交20余年间，两国贸易额不断增长。随着中白贸易额的增长，中国在白俄罗斯对外贸易中的地位显著上升，其中在进口贸易中的地位变化尤为突出。

根据白俄罗斯国家统计委员会的数据，2011 年，中国首次成为白俄罗斯三大进口伙伴国之一，位于俄罗斯和德国之后。这种情况一直持续到 2014 年。根据中国商务部数据，2014 年中国成为白俄罗斯第五大贸易伙伴，亚洲第一大贸易伙伴，在白俄罗斯的非独联体贸易伙伴中居第三位，在白俄罗斯出口贸易伙伴中居第八位，在白俄罗斯的进口贸易伙伴中居第二位。

自 2003 年起，白俄罗斯自中国进口快速增长，增幅较大，但对中国出口不稳定，增长缓慢，增幅有限。2006 年，白俄罗斯对中国贸易从顺差开始转为逆差，之后贸易逆差逐渐拉大。

根据白俄罗斯统计和分析部的数据，1995—1999 年白俄罗斯对中国出口额在白俄罗斯出口总额中所占比重分别为 0.9%、3.93%、3.65%、5.22% 和 7.41%。这一时期白俄罗斯对中国出口增长较快的主要原因是，20 世 90 年代中国处于工业化快速发展阶段，对于白俄罗斯的工业产品——重型机械和设备需求旺盛。此外，两国经济改革目标相似、国内局势稳定、价格等也是有利因素。

1995—1999 年，白俄罗斯自中国进口额在白俄罗斯进口总额中所占比重分别为 0.88%、1.06% 1.11%、1.39% 和 1.58%。

根据白俄罗斯国家统计委员会的数据，2010—2014 年白俄罗斯对中国出口额在白俄罗斯出口总额中所占的比重与 1995—1999 年相比明显减少。与此同时，白俄罗斯自中国进口额在白进口总额中所占比重与 1995—1999 年相比明显增加。

2015 年白俄罗斯对中国出口额比 2014 年增长 22.1%，在白出口总额中所占比重增至 11.91%，主要原因是白俄罗斯大幅增加对中国钾肥和农产品的出口。2015 年，白俄罗斯自中国进口额在白俄罗斯进口总额中占 7.91% 的比重。

2016 年，白俄罗斯和中国的贸易额达到 25.83 亿美元，白俄罗斯的出口额为 4.68 亿美元，进口额为 21.14 亿美元。

❧ 二、中白经济合作的内容

中白进出口商品结构趋于多样化，互补性明显。2014 年，白俄罗斯对中国主要出口的商品包括钾肥、聚酰胺、含氮杂环化合物、数据载体等；自中国进口的商品以科技含量较高的机器设备和零件为主，此外，也进口一些白俄罗斯国内无法生产的原材料和日用品。白俄罗斯对其中部分零件、原材料和半成品进行再加工和组装以后提供给国内外消费者。计算机和通信设备及配件是白俄罗斯自中国进口的主要商品，2014年这两类商品分别占白俄罗斯自中国进口商品额的9.77%和8.63%，分别占白俄罗斯同类进口商品总额的60.71%和50.75%。

（一）投资市场

2010年3月，中白双方签署《白俄罗斯共和国国家银行和中国人民银行双边本币结算协议》和《白俄罗斯共和国财政部与中国国家开发银行关于金融合作的框架协议》。2015年5月，中白续签了本币互换协议，规模为70亿元人民币/16万亿白俄罗斯卢布。

中国不是白俄罗斯主要的投资伙伴。双方在直接投资领域的合作处于较低水平。近10年来，中国对白俄罗斯的直接投资流量和存量都呈增长态势，但连续性较差。2014年，中国对白俄罗斯直接投资流量为6 372万美元。2014年年底，中国对白俄罗斯直接投资存量约2.58亿美元。2015年当年中国直接投资流量5 421万美元。截至2015年末，中国对白俄罗斯的直接投资存量为4.76亿美元，约占白俄罗斯吸引外资总额的3%，在白俄罗斯投资伙伴中排名第六位。

中国在白俄罗斯主要投资的项目有：家电组装项目、五星级酒店和住宅小区投资建设项目、汽车组装项目等。此外，中资企业在矿山和重型车辆、纺织、农业、轻工等领域也与白俄罗斯相关企业有合作。目前白俄罗斯在华投资项目有：农业机械生产项目、拖拉机组装项目、特种车辆生产项目、矿山自卸车组装项目等。2010—2014年，中国对白俄罗斯的直接投资额累计1.62亿美元。

中资企业在白俄罗斯实施的大型投资项目以中方银行提供融资支持的信贷项目为主，投资领域呈现多元化趋势。

据白方媒体资料，2007年，中国政府为白俄罗斯明斯克2号热电站现代化项目提供优惠贷款4 200万美元，中国政府和进出口银行为上海贝尔股份有限公司在白移动通信项目提供2.3亿美元贷款。

2008—2013年中国金融机构共向白俄罗斯发放140亿美元贷款，

并提供了两期每期10亿美元的政府优惠贷款，其间建成价值55亿美元的工程，支持了23个双边合作大项目，涉及工业园区、农业、电力、新能源、建材、通信、交通和工业基础设施、造纸、化工、家电制造、航空航天、智能物流、酒店及房地产开发等领域。

2015年，中国国家主席习近平访问白俄罗斯以后，中国国家开发银行与白俄罗斯开发银行和白俄罗斯银行签署信贷协议，向白俄罗斯提供70亿美元的贷款(其中30亿美元是为期15年、利息2%的优惠贷款，40亿美元为商业贷款)。

在白俄罗斯的中资企业数量增长缓慢，占白俄罗斯外资企业的比重不大。在白俄罗斯的中资企业中，国有企业约占52.6%，私有企业约占42%。

1999年1月1日，在白俄罗斯登记的6家中白合资企业和9家中国独资企业，分别占白俄罗斯合资企业和外资企业数量的0.5%和1.6%。

2004年在白俄罗斯共登记了11家中资企业(其中5家合资企业，6家中国独资企业)。

2011年10月，在白俄罗斯共登记了17家中资企业代表处。

2015年年初，在白俄罗斯登记的中资企业共有57家，其中22家为合资企业，35家为中国独资企业，总资产1.129亿美元。

(二) 承包劳务

在承包劳务方面，据中国商务部统计，2015年中国企业在白俄罗斯新签承包合同33份，新签合同额27.23亿美元。完成营业额9.9亿美元。当年派出各类劳务人员3 432人，2015年年末，在白俄罗斯的劳务人员3 530人。新签的项目有：大公司采矿选矿综合体建设项目；中信建设有限公司承建白俄吉利汽车生产线项目；中工国际工程股份有限公司承建中白工业园一期起步区基础设施建设项目等。

目前，有近30家中资企业在白俄罗斯从事工程承包项目。截至2015年底，中国企业累计在白俄罗斯签署对外承包合同额97.63亿美元，累计完成营业额57亿美元。目前，利用中国贷款实施的3个水泥厂生产线项目、铁路电气化改造项目、M5公路升级改造项目顺利竣工，4个热电站改造项目已实施完毕；首批12台大功率电力机车全部交付并新签18台机车供货合同；中白工业园一期起步区基础设施建设项目、维捷布斯克水电站、年产40万吨纸浆厂、年产20万吨白卡纸厂、白核电输出及电力联网项目等正在实施。这些大项目的实施带动一批国内有实力的企业进入白俄罗斯市场，促进了白俄罗斯的经济发展和产业转型。

（三）中白工业园

2014年6月，在白俄罗斯首都明斯克郊外，中白工业园奠基暨招商展示中心的开工仪式成功举行，受到国际大型企业的关注。这是中白两国创新合作模式、提升合作水平、促进产业整合、着眼未来发展的重要举措，也是白发展电子技术、生物医药、新材料等高科技产业，扩大对外开放和招商引资的"试验田"。

白方在2010年就表达了在白境内合作建立工业园的愿望，此举得到了中方的积极响应。2010年10月，白经济部同中国机械工业集团下属子公司中工国际签署了建设工业园的初步协议。2011年9月，两国政府签署了关于中白工业园的协定，正式确定了这一项目。

政府间协议签署后，中白工业园项目开始运作，确定了功能定位，即重点发展成为集电子信息、生物制药、精细化工、高端制造和仓储物流等产业为一体的工业制造型园区。随后，工程技术人员进行了具体的勘察和设计，制定总体规划并获得白方批准。

2012年6月，白俄罗斯总统卢卡申科颁布关于中白工业园项目的总统令，其中规定入园企业享受10年免税和第二个10年半税的优惠政策。

2012年8月，中白工业园区开发股份有限公司(合资公司)成立，注册资本1 000万美元，中方占60%股份，白方占40%股份，中工国际成为工业园合资公司最大股东。

目前，该工业园项目已建成了三级管理架构，即中白工业园政府间协调委员会、工业园管委会、工业园区开发股份有限公司。

中白工业园是两国目前合作规模最大、层次最高的项目，是中国在境外规模最大的工业园区，也是"丝绸之路经济带"的示范项目。

❀ 四、中白经济合作展望

　　白俄罗斯是最早表示支持 "一带一路"倡议的国家之一。卢卡申科总统强调："我们完全支持中方提出的'丝绸之路经济带'和'21 世纪海上丝绸之路'重要设想，白方愿成为中方'一带一路'倡议的重要支柱。"白俄罗斯共和国副总理阿纳托利·尼古拉耶维奇·加里宁表示，白俄罗斯地处欧洲腹地，区位优势明显。中国倡导共建 "一带一路"，白俄罗斯将是这一伟大构想实施过程中在欧洲的重要战略支点。白俄罗斯驻华大使鲁德表示："白俄罗斯所处地理位置使其在'一带一路'建设中能够发挥物流枢纽和商品集散地的重要作用。"

　　白俄罗斯得天独厚的地理位置使其成为丝绸之路经济带建设重要参与者。在共建丝绸之路经济带的合作过程中，中白双边经贸合作将不断升级。

　　2014 年 12 月，中白两国政府签署了关于共建"丝绸之路经济带"合作议定书，两国将运用中白政府间合作委员会经贸分委会合作机制推动"丝绸之路经济带"建设，全面提升贸易、投资、经济技术、工业园区合作和基础设施互联互通水平。白俄罗斯地理位置优越，是"丝绸之路经济带"向欧洲延伸的重要节点。2013 年，中白两国建立全面战略伙伴关系，政治互信不断增强，经贸关系发展成效显著，中国已成为白俄罗斯的重要的贸易伙伴和投资来源国。随着欧亚经济联盟一体化进程的逐步深入，白俄罗斯的经济发展及中白经贸合作将面临新的机遇。中白共建丝绸之路经济带的合作将为两国经贸关系注入新的活力，双方将通过中国−白俄罗斯工业园平台启动一批机械制造、通信信息和基础设施大项目，开展物流和运输合作，力争把中白工业园打造成丝绸之路经济带上的典范项目。白俄罗斯政府明确表示，"丝绸之路经济带"内涵丰富，作为中国的全面战略伙伴，白俄罗斯愿共同推进"丝绸之路经济带"建设，并深信这将会推动双边经贸合作再上新台阶，让两国经济发展和人民共同受益。同时欢迎更多的中国企业到白俄罗斯开展贸易和投资合作，充分利用白俄罗斯地缘和产业优势，通过加强中白合作，使丝绸之路经济带继续向西延伸。

　　2016 年 9 月，中国发改委与白俄罗斯经济部代表两国政府签署的《中华人民共和国政府与白俄罗斯政府共同推进"一带一路"建设的措施清单》是推动中白在"一带一路"框架下开展务实合作的第一份路线图。该措施清单涵盖交通物流、贸易投资、金融、能源、信息通信、人文等领域的相关措施或项目，有利于加强两国政策协调与产业协作。

建设"丝绸之路经济带"对中白两国是互利的。白俄罗斯将从中直接受益，物流、运输、通信等领域将得到进一步发展，而中国将获得面向欧亚经济联盟和整个欧洲市场的平台。展望未来，中白经济合作将会得到进一步加强。

（一）合作领域扩大

两国政府将加强基础设施建设、机械制造、建材、交通运输、通信、能源、化工、制药、生物技术、新材料、电子和微电子、矿产资源开发、企业现代化改造等领域的合作，积极落实已商定的大型合作项目，稳步推进新项目。双方将积极开展国际交通、物流运输合作，努力推进白俄罗斯境内"丝绸之路经济带"的运输物流、信息通信的发展，扩大"渝新欧"等中欧班列的辐射范围和货运量，确保各自境内的客货运安全。深化民航领域的合作，鼓励两国空运企业开展多种形式的合作，继续拓展双边航空运输市场。

（二）双方将进一步加强科技交流，扩大科技合作

两国科研院所、高校和企业在光学和激光技术、电子和微电子技术、机械制造、生物技术等领域将深入开展合作，构建未来经济，鼓励和推进从联合研发、创新到成果商业化、产业化的科技合作。

共同建设"丝绸之路经济带"的伟大倡议为中白开展全方位合作提供了新的历史机遇。两国将密切合作，共同推动丝绸之路经济带建设，开辟中白合作新的广阔前景。

参考文献

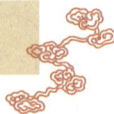

[1] 白俄罗斯共和国总统网站：www.president.gov.by/

[2] 白俄罗斯外交部网站 http://mfa.gov.by/

[3] 波诺马廖夫. 苏联史：第2卷. 莫斯科：莫斯科出版社，1966.

[4] 丁军，等. 转型中的俄罗斯、乌克兰和白俄罗斯. 北京：世界知识
     出版社，2010.

[5] 李允华，农雪梅. 白俄罗斯. 北京：社会科学文献出版社，2005.

[6] 陆南泉，等. 苏东剧变之后（下）. 北京：新华出版社，2012.

[7] 任允正，于洪君. 独联体国家宪法比较研究. 北京：中国社会科学
     出版社，2001.

[8] 伊·夫·纳维科娃. 市场与国家：宏观调节问题. 明斯克：明斯克出
     版社，1995.

[9] 于振起，等. 中国人看白俄罗斯. 北京：新华出版社，2013.

[10] 张建华. 俄国史. 北京：人民出版社，2014.

[11] 张忠明，等. 白俄罗斯农业发展态势及中国对白俄罗斯农业重点
     投资领域分析. 世界农业，2015(5).

[12] 郑羽. 独联体十年：现状、问题、前景. 北京：世界知识出版社，
     2002.

[13] 郑羽，等. 独联体十年：上卷. 北京：社会科学文献出版社，2001.

[14] 中国人民共和国商务部 http://www.mofcom.gov.cn/

[15] 中华人民共和国外交部 http://www.fmprc.gov.cn

[16] 中华人民共和国驻白俄罗斯共和国大使馆 http://www.fmprc.gov.
     cn/ce/ceby/chn/

［17］　中华人民共和国驻白俄罗斯共和国大使馆经济商务参赞处 http:
　　　　//by.mofcom.gov.cn/article/d/201605/20160501318979.shtml